"中国企业社会责任报告编写指南(CASS-CSR3.0)"
系列丛书的出版得到了下列单位的大力支持：

（排名不分先后）

中国南方电网

中国华电集团公司

华润（集团）有限公司

三星（中国）投资有限公司

中国企业社会责任报告编写指南(CASS-CSR3.0)丛书

主　编：彭华岗
副主编：钟宏武　孙孝文　张　蒽

中国企业社会责任报告编写指南
之 电信服务业

中国社会科学院经济学部企业社会责任研究中心

钟宏武　王红梅/顾问
孙孝文　文雪莲　周亚楠　张　伟/等著

社会责任报告
全生命周期管理指南

经济管理出版社
ECONOMY & MANAGEMENT PUBLISHING HOUSE

图书在版编目（CIP）数据

中国企业社会责任报告编写指南之电信服务业/孙孝文等著.—北京：经济管理出版社，2014.10
ISBN 978-7-5096-3446-2

Ⅰ.①中… Ⅱ.①孙… Ⅲ.①企业责任—社会责任—研究报告—写作—中国 ②电信—邮电企业—企业管理—社会责任—研究报告—写作—中国 Ⅳ.①F279.2 ②H152.3

中国版本图书馆 CIP 数据核字（2014）第 244009 号

组稿编辑：陈　力
责任编辑：陈　力
责任印制：司东翔

出版发行：经济管理出版社
　　　　　（北京市海淀区北蜂窝 8 号中雅大厦 A 座 11 层　100038）
网　　址：www.E-mp.com.cn
电　　话：(010) 51915602
印　　刷：三河市延风印装厂
经　　销：新华书店
开　　本：720mm×1000mm/16
印　　张：12.5
字　　数：211 千字
版　　次：2014 年 10 月第 1 版　2014 年 10 月第 1 次印刷
书　　号：ISBN 978-7-5096-3446-2
定　　价：68.00 元

·版权所有　翻印必究·

凡购本社图书，如有印装错误，由本社读者服务部负责调换。
联系地址：北京阜外月坛北小街 2 号
电话：(010) 68022974　　邮编：100836

《中国企业社会责任报告编写指南之电信服务业》专家组成员

顾　问：钟宏武（中国社会科学院经济学部企业社会责任研究中心主任）
　　　　王红梅（中国移动通信集团公司发展战略部总经理）
组　长：孙孝文（中国社会科学院经济学部企业社会责任研究中心常务副主任）
　　　　文雪莲（中国移动通信集团公司发展战略部企业策划处副经理）
成　员：（按姓氏拼音排序）
　　　　陈　锋（国务院国有资产监督管理委员会研究局研究一处处长）
　　　　陈华斌（中国移动广东公司服务管理部主管）
　　　　陈显才（中国电信集团公司企业战略部高级业务经理）
　　　　郭秀明（工业与信息化部政策法规司综合处处长）
　　　　何思泓（中国移动广东公司采购管理中心主管）
　　　　黄　瑛（中国移动广东公司市场部项目经理）
　　　　金　英（中国三星对外事务部 CSR 事务局经理）
　　　　李先芴（中国移动广东公司发展战略部总经理）
　　　　刘　莹（中国电信集团公司企业战略部高级业务主管）
　　　　林　帆（中国移动广东公司客户服务中心主管）
　　　　刘　佳（中国移动广东公司工会主管）
　　　　马　燕（中国社会科学院经济学部企业社会责任研究中心咨询师）
　　　　彭　雪（中国社会科学院经济学部企业社会责任研究中心副部长）
　　　　丘小平（中国移动广东公司人力资源部项目经理）
　　　　邱　俊（中国移动广东公司员工服务中心主管）
　　　　孙贵峰（中国三星对外事务部 CSR 事务局总监）
　　　　孙中化（中国移动广东公司发展战略部项目经理）
　　　　汪　杰（中国社会科学院经济学部企业社会责任研究中心副主任）

谢显潮（中国移动广东公司规划技术部主管）
解一路（中国社会科学院经济学部企业社会责任研究中心咨询部部长）
殷感谢（中国移动广东公司发展战略部企业管理室经理）
翟利峰（中国社会科学院经济学部企业社会责任研究中心主任助理）
张　蒽（中国社会科学院经济学部企业社会责任研究中心常务副主任）
张　伟（中国移动通信集团公司发展战略部企业策划处项目经理）
赵　亮（中国移动通信集团公司发展战略部企业策划处经理）
周亚楠（中国社会科学院经济学部企业社会责任研究中心咨询师）
朱怀奇（中国移动广东公司发展战略部副总经理）
朱洁琳（中国移动广东公司党群工作部主管）

开启报告价值管理新纪元

透明时代的到来要求企业履行社会责任，及时准确地向利益相关方披露履行社会责任的信息。目前，发布社会责任报告已日益成为越来越多的企业深化履行社会责任、积极与利益相关方沟通的载体和渠道，这对于企业充分阐释社会责任理念、展现社会责任形象、体现社会责任价值具有重要的意义。作为中国第一本社会责任报告编写指南，指南的发展见证了我国企业社会责任从"懵懂发展"到"战略思考"的发展历程。2009年12月，中国社会科学院经济学部企业社会责任研究中心发布了《中国企业社会责任报告编写指南（CASS-CSR1.0）》（简称《指南1.0》），当时很多企业对"什么是社会责任"、"什么是社会责任报告"、"社会责任报告应该包括哪些内容"还存在争议。所以，《指南1.0》和2011年3月发布的《中国企业社会责任报告编写指南（CASS-CSR2.0）》（简称《指南2.0》）定位于"报告内容"，希望通过指南告诉使用者如何编写社会责任报告、社会责任报告应该披露哪些指标。指南的发布获得了企业的广泛认可和应用，2013年，参考指南编写社会责任报告的企业数量上升到了195家。

5年过去了，我国企业社会责任报告领域发生了深刻变革，企业社会责任报告的数量从2006年的32份发展到了2013年的1231份；报告编写质量明显提高，很多报告已经达到国际先进水平。同时，企业在对社会责任的内涵及社会责任报告的内容基本达成共识的基础上，开始思考如何发挥社会责任报告的综合价值，如何将社会责任工作向纵深推进。

为适应新时期新形势要求，进一步增强指南的国际性、行业性和工具性，中国社会科学院经济学部企业社会责任研究中心于2012年3月启动了《中国企业社会责任报告编写指南（CASS-CSR3.0）》（简称《指南3.0》）修编工作，在充分调研使用者意见和建议的基础上，对《指南3.0》进行了较大程度的创新。总体而言，与国内外其他社会责任倡议相比，《指南3.0》具有以下特点：

（1）首次提出社会责任报告"全生命周期管理"的概念。企业社会责任报告既是企业管理的工具，也是与外部利益相关方沟通的有效工具。《指南3.0》定位于通过对社会责任报告进行全生命周期的管理，充分发挥报告在加强利益相关方沟通、提升企业社会责任管理水平方面的作用，可以最大程度发挥报告的综合价值。

（2）编制过程更加科学。只有行业协会、企业积极参与到《指南3.0》的编写中，才能使《指南3.0》更好地反映中国企业社会责任实际情况。在《指南3.0》的修编过程中，为提升分行业指南的科学性和适用性，编委会采取"逐行业编制、逐行业发布"的模式，与行业代表性企业、行业协会进行合作，共同编制、发布分行业的编写指南，确保《指南3.0》的科学性和实用性。

（3）适用对象更加广泛。目前，我国更多的中小企业越来越重视社会责任工作，如何引导中小企业社会责任发展也是指南修编的重要使命。《指南3.0》对报告指标体系进行整理，同时为中小企业使用指南提供了更多的指导和依据。

（4）指标体系实质性更加突出。《指南3.0》在编写过程中对指标体系进行了大幅整理，在指标体系中更加注重企业的法律责任和本质责任，将更多的指标转变为扩展指标，更加注重指标的"实质性"。

《中国企业社会责任报告编写指南（CASS-CSR3.0）》是我国企业社会责任发展的又一重大事件，相信它的推出，必将有助于提高我国企业社会责任信息披露的质量，有助于发挥社会责任报告的综合价值，也必将开启社会责任报告价值管理新纪元！

2014年1月

目 录

总论篇

第一章　电信服务业社会责任 ·· 3

　　一、电信服务业在国民经济中的地位 ·························· 3
　　二、电信服务业履行社会责任的意义 ·························· 4
　　三、电信服务业社会责任特征及要求 ·························· 7

第二章　电信服务业社会责任报告特征与趋势 ················ 11

　　一、国际电信服务业社会责任报告特征 ···················· 11
　　二、国内电信服务业社会责任报告发展趋势 ············ 15

第三章　电信服务业社会责任议题 ································ 19

　　一、市场绩效（M系列）·· 19
　　二、社会绩效（S系列）··· 20
　　三、环境绩效（E系列）··· 20

指标篇

第四章　报告指标详解 ·· 25

　　一、报告前言（P系列）··· 25
　　二、责任管理（G系列）·· 37
　　三、市场绩效（M系列）·· 52

四、社会绩效（S 系列） 75

　　五、环境绩效（E 系列） 92

　　六、报告后记（A 系列） 106

第五章　指标速查 113

　　一、行业特征指标表（43 个） 113

　　二、核心指标表（128 个） 115

　　三、通用指标表（195 个） 119

管 理 篇

第六章　报告全生命周期管理 129

　　一、组织 130

　　二、参与 132

　　三、界定 136

　　四、启动 140

　　五、撰写 141

　　六、发布 143

　　七、反馈 144

第七章　报告质量标准 145

　　一、过程性 145

　　二、实质性 146

　　三、完整性 147

　　四、平衡性 148

　　五、可比性 149

　　六、可读性 149

　　七、创新性 150

案例篇

第八章 相关方期望引领报告编写
——中国移动通信集团公司 CSR 报告管理 ……………… 155

一、公司简介 ………………………………………………… 155

二、履责历程 ………………………………………………… 157

三、报告概览 ………………………………………………… 159

四、报告管理 ………………………………………………… 162

五、评级报告 ………………………………………………… 173

附 录 ………………………………………………………… 177

一、参编机构 ………………………………………………… 177

二、支持单位 ………………………………………………… 181

三、参考文献 ………………………………………………… 182

后 记 ………………………………………………………… 187

总论篇

第一章 电信服务业社会责任

电信服务业指通过利用有线、无线的电磁系统或者光电系统，传送、发射或者接收语音、文字、数据、图像以及其他任何形式信息的通信服务。主要包括三部分：固定电信服务业务；移动电信服务业务；互联网络服务。

一、电信服务业在国民经济中的地位

电信业是我国国民经济的基础性、先导性和战略性产业，电信服务业是实现电信业价值最直接的方式和手段。自 2000 年来，我国电信服务业发展增速明显高于其他行业，在国民经济中的比重迅速上升。据工业和信息化部统计，2013年，基础电信业实现电信业务收入 1.17 万亿元；电话用户规模达到 14.96 亿户，其中移动电话用户达到 12.29 亿户；"十一五"期间，电信业直接就业人员超过 200 万人，并带动上下游产业创造大量就业机会，其中，3G 网络建设直接投资 2672 亿元，带动 GDP 增长 4145 亿元，创造就业岗位 212 万个[①]。电信服务业在国民经济中的作用表现在以下四个方面：

（1）对经济增长有倍增作用。电信服务业作为信息流通系统中的重要环节，其涉及的范围十分广泛，无论是军事、民生、科研，还是行业发展均与其相关。现代经济的特征是社会化大生产和市场经济。企业生产所需的原材料、机器设备、资金和人力资源来自全国乃至全世界，而这一切均依赖于电信服务业的正常

---

① 通信发展司："张峰出席 2014 年基础电信运营商座谈会并讲话"，http：//www.mlit.gov.cn/n11293472/n11293907/n11368223/15861980.html（阅读时间 2014 年 1 月 7 日）。

运行，并且随着经济的现代化进程与日俱增。电信服务将孤立的资源、信息进行整合，因此对经济的发展与增长具有明显的倍增作用。

（2）促进产业结构调整升级。国民经济信息化是信息技术应用于经济各个领域的产业信息化和信息自身产业化的过程。信息产业在发展过程中，通过与传统产业相互融合、渗透，可以改进传统技术并促进传统产业的改造与升级，使经济结构趋于软化和高级化。信息网络化的过程实质上是物质和劳务向知识密集型转化以及产业结构的重心向附加值较高的信息产业演变的过程。其结果是信息技术成为大众使用的工具，使散布在各处的信息资源汇集起来为大众所享用，使传统的产业现代化，使信息产业成为现代经济的主导经济。其表现主要为：农业的节约化；制造业的集成化；金融电子化；电子商务；管理现代化。信息化是传统工业、服务业向现代化的助推器。

（3）带动相关产业发展。电信服务业必须有一个完整的网络才能提供社会性的服务，单一的和少量的通信线路和服务内容无法实现电信服务业的社会化运行。各电信服务企业及其供应商需要联合作业。电信服务业的产业关联的范围广、链条长，供应链上游包括建筑、通信设备制造、电力供应、软件工程、内容提供等一系列的供应商，决定了电信服务业的发展对国民经济发展起到很强的推动作用和拉动作用。

（4）节约成本，提高效率。电信服务业作为社会基础设施，可以通过以下途径提高各种经济过程的效率：减少企业和个人活动的地域、空间限制；加快企业内部信息交换，为生产管理和经营决策及时提供信息；使生产、流通、分配、消费等各个环节联系的更紧密，缩短从生产到消费全过程的时间。

二、电信服务业履行社会责任的意义

（一）促进经济可持续发展

1. 电信服务业履行社会责任有助于企业良性发展

企业在承担社会责任的过程中，将利益相关者的利益和社会整体利益的提高与企业个体利益的实现有机结合起来，降低了企业的运营风险，提高了企业品牌形象。从外部利益相关方来看，企业关注客户需求有利于企业维护好客户管理、发现新的市场需求；企业主动进行供应链责任管理，有助于降低由于供应商违规所带来的运营风险；企业注重履行环境责任，有助于企业降低运营成本、转变发展方式；企业履行社区责任，有助于为企业创造良好的运营环境。从内部利益相关方来看，企业维护员工权益，促进员工成长，有助于吸引、培养并维护人才，为企业发展提供核心动力；企业维护股东利益，能够提升企业形象，增强资本市场对企业的可信度。

2. 电信服务业履行社会责任有助于行业健康发展

近几年，电信服务业快速、蓬勃发展。《国务院关于加快培育和发展战略性新兴产业的决定》将信息技术产业列为重点扶植对象，要求"加快建设宽带、泛在、融合、安全的信息网络基础设施，推动新一代移动通信、下一代互联网核心设备和智能终端的研发及产业化，加快推进三网融合，促进物联网、云计算的研发和示范应用"。《通信业"十二五"发展规划》要求，到"'十二五'期末，通过实施'宽带中国'战略，初步建成宽带、融合、安全、泛在的下一代国家信息基础设施，初步实现'城市光纤到楼入户，农村宽带进乡入村，信息服务普惠全民'，新兴信息服务成为推动行业发展的重要力量，通信业在全面提升国家信息化水平和支撑经济社会发展中的战略性、基础性和先导性作用更加突出。"

由于电信服务业具有技术起点高、产业链长、渗透性强、引导效果明显等特点，因此积极履行企业社会责任就变得十分重要。电信服务企业应开展科技研发、供应链责任管理、环境保护等工作，关注利益相关方需求，只有这样，才能实现行业的长期健康发展。

3. 电信服务业履行社会责任有助于传统工业转型升级

电信业是发展现代产业体系、提高产业核心竞争力、培育发展战略性新兴产业、加快经济结构战略性调整、全面提高经济社会信息化水平的重要载体。电信服务业可以有效推进传统工业转型升级，促进两化深度融合，实现对相关产业的辐射带动。我国信息化战略的核心是以信息化带动工业化，实现跨越式发展。

（二）促进社会可持续发展

电信服务业满足了公众的基本通信需求，已经成为人民生活的必要条件，通信的普遍服务已经成为通信业的重要责任和义务，具有普遍服务性和准公用性。当今社会是信息社会，信息沟通已经成为现代人生活中必不可少的重要组成部分，电信服务业在为公众提供传递信息渠道的过程中发挥着重要作用。

20世纪80年代末，经济发展与合作组织（OECD）发布"普遍服务和电信资费的改革"报告，将普遍服务理解为"任何人在任何地点都能以承担得起的价格享受电信服务，而且业务质量和资费标准一视同仁"。在我国，城乡、地区发展十分不平衡，因此缩小"数字鸿沟"就变得十分重要。企业一方面要提供普遍服务，另一方面可以通过加大在教育、医疗等方面的信息应用，以促进社会资源更加公平的分配，防止社会差异日益增大，促进社会公平。

随着电信技术的不断更新应用，使得人们的生活方式发生了很大的改变。电信服务延伸了人们的听觉、视觉、触觉，扩大了人们交流的广度，加深了人们沟通的深度，扩展了彼此间沟通的时空范围，加速了人们思维方式、工作方式、生活方式的转变。人们通过电信服务就能满足生活、工作的各种需求，生活方式更加便捷。

电信服务业要加强通信网络与信息安全基础设施建设，有效提高网络与信息安全技术保障水平，增强网络安全防护和抗风险能力，维护通信网络与信息安全，提升国家应急通信保障能力，提高应急通信的管理和保障水平，服务社会和服务民生，维护社会稳定。

（三）促进环境可持续发展

虽然目前电信业的能耗总量占全国能耗总量的比例不足千分之一，但是其能耗占全国能耗的比重和全社会的影响在逐年增加。根据《通信行业"十二五"发展规划》，"在设备制造、工程设计、网络建设、运行维护等环节，全面推进节能、节地、节材、废弃物回收及环境保护工作。鼓励电信企业采用节能新技术和产品，推进通信网络结构性和系统级的节能创新"。电信企业一方面应该积极进行通信环保技术的改进提升，另一方面要积极采用节能产品和工程技术，同时加大废弃电子产品回收利用的力度，以全面控制整个产业链中环境风险环节，加强企业环境管理，积极履行环境责任，为建设美丽中国贡献力量。

通过开展智能城市建设，绿色电信服务，促进整个社会的节能减排绿色行动。电信服务业可以根据行业运营自身特点，开发符合用户需求的绿色减排服务，例如开发环境监控资讯系统、智能公交系统等，为客户提供绿色解决方案，推动精益生产、精准管理、绿色制造和节能减排。同时，电信服务业作为影响范围广、柜台网点分布广泛的行业，也可以通过柜台网点推行环保教育，提升公众环保意识。

三、电信服务业社会责任特征及要求

不同的行业具有差异化的社会责任特征。电信服务业在服务质量、通信安全、缩小数字鸿沟、应对气候变化及信息应用方面具有不同的特征和要求。

（一）提高服务质量

一方面，电信服务业具有准公用特征，是国家的基础行业，电信服务业要不断提升服务质量，扩大网络覆盖率，提升通信能力和质量，另一方面，提高服务质量也是电信服务企业应对市场竞争挑战的必然选择，只有积极提高服务质量，才能有效赢得顾客的信赖，在市场竞争中获取有利地位。根据工业和信息化部《通信业"十二五"发展规划》，企业既要不断"加快网络结构优化升级"，实现设备的更新换代，增强网络服务能力；又要不断改善服务态度，加强客户关系管理，为用户提供优质的服务。

电信服务商应加强客户关系管理，系统、科学分析客户需求，提供市场亟须的服务产品；加强网络建设优化，积极采用先进的技术，提高通信质量，保障稳定安全的通信；保障资费透明，设立结构科学合理的资费方案，资费计算方式简单清晰，健全电信资费内部管理制度，实现资费实时查询；提高服务人员服务意识，加强对员工的服务培训，建立多种客户沟通渠道，积极处理客户投诉。

（二）保障通信安全

随着电信用户的逐渐增加及电信服务的种类日益多样化，全社会信息化水平的不断提高，客户隐私信息、商业机密等越来越多通过通信网络传输，网络与信息安全问题已经日益影响到国家安全、经济安全、社会安全，因此对电信服务的安全性提出了越来越高的要求。

电信服务业一方面要提升技术，加强信息安全管理，为客户提供更加安全的服务；另一方面要加强自然灾害等应急情况应对能力，提高在特殊情况下的通信能力，保障通信安全。保障通信安全要求企业时刻注意防范病毒攻击，为客户使用电信服务提供良好的网络环境。同时，企业也需要不断增强网络应对自然灾害等应急情况的能力，保证在灾害情况下为用户提供可靠的网络，为救援工作提供重要的信息支撑。

（三）缩小数字鸿沟

数字鸿沟指在信息工具及技能拥有者与未拥有者之间存在的鸿沟。目前我国电信区域发展不平衡、城乡之间存在差距，数字鸿沟的存在有可能加大区域、城乡之间的发展差距，进一步加剧贫富差异。因此，需要推进基本公共服务均等化，要求电信服务业深化信息通信普遍服务，对任何地点、任何人都要实现无差别、可负担得起的电信服务。

缩小数字鸿沟，一是要加快宽带网络等信息基础设施向农村及偏远地区普及延伸，改善农村及偏远地区的通信服务能力和水平；二是要加快信息通信技术和网络在基本公共服务体系中的应用，提高社会公益机构的网络覆盖水平；三是要加强信息化应用的推广工作，深度开发和应用各类涉及经济发展、社会进步、生活方式转变的各类信息资源，不断提升信息化水平。

（四）应对气候变化

世界先进电信服务企业均日益重视环境保护工作，制定环保标准，加强环境保护力度。英国电信自20世纪90年代以来一直将社会和环境责任视为公司战略的重要组成部分，自1996年以来，英国电信已经将其在英国本土的碳排放量降低了60%，计划到2016年将排放量降低到1996年水平的20%；沃达丰注重自身产品和服务的环保性能，重视节能、资源回收以及用户健康。在我国，中共十八大报告提出建设美丽中国，关注生态文明。工业和信息化部《通信业"十二五"发展规划》建议"推进通信网络绿色发展"。积极应对气候变化、履行企业环境责任，是企业主动承担社会责任、为可持续发展做贡献的良好表现，有利于塑造企业的绿色网络形象，提升品牌价值，促进企业发展。

根据《通信业"十二五"发展规划》要求,企业要"加大绿色基站建设力度。结合实际采用分布式基站、SDR 软基站(软件无线电节能基站),采用智能调整等手段降低主设备能耗。推广以自然冷/热源和蓄电池温控为基础的空调升温启动技术,合理采用风光等可再生能源,积极采用新技术对已建基站进行节能改造",积极降低能耗;在设备制造、工程设计、网络建设、运行维护等环节,全面推进节能、节地、节材、废弃物回收及环境保护工作;采用环境友好的原材料,加大对供应商的管理,减少有毒有害物质的使用。同时,要"发挥优势带动全社会节能",并"深化电信基础设施共建共享"。

(五)信息应用

信息技术只有在社会领域中得到广泛运用,才能显示其强大的生命力。同时,发挥通信技术对产业升级、生活方式转变等领域的带动作用,有助于加快经济建设、智慧城市建设,进一步提高生产效率,改善生活方式。另外,加强信息应用,有助于增强电信企业的竞争力,扩大市场需求,助力企业发展。

《通信业"十二五"发展规划》提出,加快新一代信息技术产业发展,培育壮大新兴服务业态:发展云计算服务,推动移动互联网产业发展,支持发展电子商务,加快物联网产业化进程。另外,也要加大电信技术在政务、农业、生活等领域的应用。同时,加快"三网融合"的进程,实现电信网、广播电视网、互联网的互联互通,方便广大用户生活,促使生活方式向更加便捷的方向转变。

第二章 电信服务业社会责任报告特征与趋势

一、国际电信服务业社会责任报告特征

企业社会责任报告是企业非财务信息披露的重要载体,它披露了企业经营活动对经济、环境和社会等领域造成的直接和间接影响,企业取得的成绩及不足等信息。同时,企业社会责任报告还是企业与利益相关方沟通的重要桥梁。随着产品质量和环境污染等问题越来越引起社会的关注,企业经营环境的日趋复杂,传统的以股东利益最大化为目标的运营方式已经不能满足当前的市场需求。同时,从企业内部运营的需要出发,越来越多的企业注重社会责任的报告发布和责任践行。因此,国际上出台了企业社会责任报告编写指南,为企业社会责任报告的编制提供了具有参考意义的框架。

从国际电信服务业发布企业社会责任报告的基本情况和趋势看,国际电信服务业的社会责任报告具有以下四个特征:一是国际电信服务业的社会责任报告历史较悠久,且发布从单一报告到综合性报告;二是国际电信服务业社会责任报告篇幅较长,报告框架及内容多参考国际标准,且披露大量数据指标;三是国际电信服务业社会责任报告多通过外部审验,保证报告内容的真实性;四是国际电信服务业社会责任报告关注的议题具有战略性与前瞻性。

根据国际电信服务企业在"2014财富500强"的排名情况,以及道·琼斯可持续发展指数对国际电信服务企业的评价,选取以下六家企业作为目标企业,并对其社会责任报告的基本信息总结如表2-1所示。

表 2-1 国际电信服务业企业社会责任报告基本信息（2012~2014 年）

企业名称（中文）	总部所在地	首份年度报告	报告名称	报告页码
德国沃达丰（Vodafone）	德国	2000/01 年	可持续发展报告	147（2013/14）
意大利电信（Telecom Italia）	意大利	2001 年	可持续发展报告	138（2013）
英国电信（BT）	英国	2009 年	更美好未来报告[①]	111（2014）
西班牙电信（Telefónica）	西班牙	2004 年	可持续发展报告	235（2013）
日本 KDDI（KDDI）	日本	2008 年	可持续发展报告	156（2014）
中华电信	中国台湾	2007 年	社会责任报告	89（2012）

（一）报告历史较悠久，从发布单一报告到发布综合性报告

根据表 2-1 可以看到，国际电信服务业企业社会责任报告的历史较悠久，首份社会责任报告发布的时间较早，如德国沃达丰和意大利电信的首份年度报告分别为《沃达丰 2000/01 年度可持续发展报告》和《意大利电信 2001 年度可持续发展报告》，可见发布时间之早。德国沃达丰是一家全球性的电信服务业公司，自首份可持续发展报告发布至今，已经连续 14 年披露社会责任信息，表现了德国沃达丰对利益相关方的履责愿望，也体现德国沃达丰负责任的企业形象，为电信服务业同行企业树立了良好的榜样。

同时，国际电信服务业企业从发布单一报告发展到发布综合性报告，报告内容更加系统，全面披露企业经济、社会和环境方面的履责绩效。如意大利电信从初期发布独立社会环境报告，发展到涵盖了可持续发展体系、客户服务、供应商管理、环境保护、社区发展、员工发展和经济贡献等内容的综合性报告，向利益相关方披露了实质性和完整性更强的社会责任信息。

（二）报告篇幅较长，报告框架及内容参考国际标准，且披露大量数据指标

国际电信服务业社会责任报告篇幅较长，披露的社会责任信息较为详细、完整。如表 2-1 所示，德国沃达丰发布的 2013/14 年度可持续发展报告篇幅达到 147 页，日本 KDDI 发布的 2014 年度可持续发展报告篇幅长达 156 页，西班牙电

---

① 英国电信自 2012 年将可持续发展报告更名为更美好未来报告，但报告内容仍为叙述英国电信在责任管理、经济责任、环境责任和社会责任的履责绩效。

信发布的2013年度可持续发展报告，篇幅则长达237页。

如表2-2所示，在报告框架及内容方面，六家目标企业最新发布的社会责任报告均参考全球报告倡议组织（GRI）标准。其中，西班牙电信2013年度可持续发展报告还参考了全球契约十项原则，意大利电信参考了AA1000 AS Accountability Standard（2008），日本KDDI2014可持续发展报告和英国电信2014年更美好未来报告参考了ISO26000等标准。

表2-2 国际电信服务业企业社会责任报告参考标准基本情况（2012~2014年）

企业名称	德国沃达丰	意大利电信	英国电信	西班牙电信	日本KDDI	中华电信
参考标准	GRI（G3.1）	GRI、AA1000 AS Accountability Standard（2008）	GRI（G3.1）、ISO26000	GRI（G3.2, G4），全球契约十项原则	GRI、ISO26000	GRI（G3.1）、电信业补充指标

此外，国际电信服务企业社会责任报告的显著特点是披露大量的数据，用数据说明企业社会责任成效，这与采用全球报告倡议组织（GRI）标准密切相关。例如，德国沃达丰2013/14年可持续发展报告披露了144个连续3年的定量数据指标，意大利电信2013年可持续发展报告披露了219个定量数据指标（仅根据报告数据图表统计，不包括报告正文中提到的数据）。

表2-3 德国沃达丰环境责任和社会责任定量指标举例（2013/14年）

一级指标	二级指标	三级指标	指标性质
环境责任	商务旅行	视频会议数	定量
		商务航空飞行距离	定量
	资源利用	用水总量	定量
		网络设备废弃物产生量	定量
		网络设备废弃物循环再利用率	定量
	能源使用	能源消耗总量	定量
		可再生能源消耗总量	定量
	减少碳足迹	二氧化碳排净放量	定量
		二氧化碳排放总量	定量
社会责任	健康与安全	员工伤亡人数	定量
		承包商伤亡人数	定量
	员工	员工总数	定量
		中高层女性员工比例	定量
		自愿离职员工数	定量

(三) 报告多通过外部审验,保证报告内容的真实性

通过外部审验可以提高社会责任报告的可信度,确保报告内容的真实性,目标电信服务业企业的社会责任报告参与外部审验的基本情况如表2-4所示。从此信息可以看出,国际电信服务业企业对社会责任报告内容的真实性保证十分重视,注重为利益相关方提供真实、有效的信息,取得利益相关方的认可。因此通过第三方专门机构的独立审验来提高报告的可信度是多数企业认为行之有效并积极采取的方式。

表2-4 国际电信服务业企业社会责任报告外部审验基本情况（2012~2014年）

企业名称	德国沃达丰	意大利电信	英国电信	西班牙电信	日本KDDI	中华电信
外部审验单位	EY（安永会计事务所）	PWC（普华永道会计事务所）	LRQA（英国劳氏质量认证有限公司）	EY（安永会计事务所）	无	SGS（台湾检验科技股份有限公司）

(四) 报告关注的议题具有战略性与前瞻性

除了对社会责任中经济、环境和社会一般议题的关注外,国际电信服务业企业社会责任报告更加关注一些与企业自身发展密切相关的具有战略意义的实质性议题,如风险管理、供应链管理等。其中,西班牙电信非常注重企业风险管理,如其在2013年可持续发展报告中所述,根据企业自身发展情况识别企业社会责任各领域面临的风险,并据此提出应对措施,将可持续发展真正内化为企业管理运营,通过履责降低企业运营风险,促进企业健康可持续发展。德国沃达丰2013/14年可持续发展报告中详细陈述了供应链的管理,包括供应商的评选、供应商绩效评估与改进、供应商可持续发展认证等。企业通过加强供应链管理,促使供应商向企业提供更好的产品,是降低企业运营风险的重要环节。

随着气候变化、环境保护、节约能源资源等越来越受到社会各界的关注和重视,通过分析国际电信服务业企业社会责任报告,可以发现这些企业已经开始对碳信息披露、水资源保护、生物多样性保护等行业前瞻性议题的关注。如德国沃达丰在2013/14年可持续发展报告中详细阐述了碳足迹信息;中华电信2012年社会责任报告从环境永续发展管理、落实用电管理、温室气体排查、水资源使用效益管理、节能减碳成果斐然五个方面介绍企业在应对气候变化和节能减排方面

的履责实践；日本 KDDI 2014 年可持续发展报告从环境管理、低碳社会、可循环导向社会、遵从绿色采购法律、生态 ICT 标志以及生物多样性保护六个方面阐述企业在应对气候变化、节能减排和环境保护方面的履责实践。

二、国内电信服务业社会责任报告发展趋势

国内电信服务业企业主要为中国三大电信运营商，即中国移动通信集团公司（以下简称"中国移动"）、中国联合网络通信集团有限公司（以下简称"中国联通"）及中国电信集团公司（以下简称"中国电信"），通过观察和回顾国内电信服务企业即三大运营商 2012 年和 2013 年企业发布社会责任报告的情况可以看到，社会责任报告篇幅适中，披露的社会责任信息不断丰富，社会责任报告质量较好，但需进一步提高报告平衡性，电信服务业越来越重视企业社会责任报告的编制、发布和质量。

（一）报告篇幅适中，披露的社会责任信息不断丰富

社会责任报告是企业发布社会责任信息的重要平台，适度的报告篇幅是企业与利益相关方实现良性互动的重要条件。目标企业发布的社会责任报告篇幅基本情况如表 2-5 所示。通过分析电信服务业企业 2012 年度社会责任报告，可以看到，电信服务业社会责报告的平均页码为 74 页，报告内容较为翔实，披露了责任管理、客户责任、员工责任、环境责任、社会责任等方面的重要议题信息，充分发挥了报告沟通的作用。此外，电信服务业 2011 年度社会责任报告的平均页码为 71 页，2012 年度社会责任报告篇幅相较 2011 年度有所增长。这说明电信服务业对社会责任报告的重视度在增加，披露的社会责任信息不断丰富。

表 2-5 电信服务业发布社会责任报告的基本情况（2011~2012 年）

企业名称	首份年度报告（年）	报告份数（份）	2011 年度报告页数（页）	2012 年度报告页数（页）
中国移动	2006	7	56	62
中国联通	2008	5	76	73
中国电信	2010	3	80	86

(二) 报告质量较好，但需要进一步提升报告平衡性

尽管国内电信服务业企业仅为三大电信运营商，每年发布的报告数量是固定的，社会责任报告整体质量较好，但随着三大运营商对社会责任的越来越重视以及社会责任报告编制经验的加强，电信服务业企业社会责任报告的质量将越来越好，并不断提高。

从报告综合得分来看，如表2-6所示，2013年，电信服务业3家企业社会责任报告综合得分平均值为分88.6，处于领先阶段，即四星半级水平；2012年，3家企业社会责任报告综合得分平均值为71.0分，处于优秀阶段，即四星级水平。对比发现，电信服务业企业2013年发布的社会责任报告相较2012年发布的社会责任报告来说，综合得分提高比较大，说明电信服务业企业社会责任报告的整体质量在不断提高。

表2-6 电信服务业社会责任报告综合得分对比

类别	报告综合得分（分）	对应的星级水平
2013年	88.6	四星半级
2012年	71.0	四星级

从报告评价六大性质来看，实质性、完整性、平衡性、可比性、可读性和创新性得分均有提升（见表2-7）。具体来看，行业内社会责任报告可比性得分提高最为明显，即2013年相较2012年提高了30.1分，说明企业更加关注社会责任履责成效，向利益相关方披露连续3年及3年以上的定量数据或同行企业的定量数据，促使利益相关方更加客观地了解企业；行业内社会责任报告创新性得分提高较为明显，即2013年相较2012年提高了21.2分，可以看出，随着企业对社会责任报告的不断重视以及编制经验的丰富，也在不断创新社会责任报告；行业内社会责任报告平衡性得分也有提高，即2013年相较2012年提高了21.2分，说明企业对披露社会责任负面信息的态度不但改善，而且更加客观认识自身实践对社会的影响。但平衡性相较其他五大性而言，得分相对较低，行业内社会责任报告披露的负面信息主要集中在对负面数据指标的披露，企业应该根据在报告期内发生的负面信息情况，更多地披露负面信息发生的原因及针对负面问题的改进措施，促使利益相关方更加客观、正确地认识与了解企业。

表 2-7 报告评价六大性质得分对比（2012~2013）

六大性质	2013 年	2012 年
实质性	93.9（五星级水平）	74.3（四星级水平）
完整性	83.1（四星半级水平）	71.0（四星级水平）
平衡性	77.5（四星级水平）	56.3（三星级水平）
可比性	98.0（五星级水平）	67.9（三星半级水平）
可读性	87.8（四星半级水平）	76.7（四星级水平）
创新性	84.5（四星半级水平）	63.3（三星半级水平）

第三章 电信服务业社会责任议题

电信服务业具备自身行业特征,其在市场、社会和环境领域拥有与其他行业不同的社会责任议题。

一、市场绩效(M系列)

表 3-1 市场绩效

一般框架议题		电信服务业议题	
股东责任(M1)	股东权益保护	股东责任(M1)	股东权益保护
	财务绩效		财务绩效
客户责任(M2)	基本权益保护	客户责任(M2)	网络质量管理
	产品质量		客户服务
	产品服务创新		保护客户知情权
	客户满意度		信息安全与隐私
			缩小数字鸿沟
			应急通信
伙伴责任(M3)	促进产业发展	价值链责任(M3)	价值链责任管理
	价值链责任		责任采购
	责任采购		伙伴责任
		科技与信息化(M4)	科技创新
			信息化应用

二、社会绩效（S系列）

表3-2 社会绩效

一般框架议题		电信服务业议题	
政府责任（S1）	守法合规	政府责任（S1）	守法合规
	政策响应		政策响应
员工责任（S2）	基本权益保护	员工责任（S2）	基本权益保护
	薪酬福利		薪酬福利
	平等雇佣		平等雇佣
	职业健康与发展		职业健康与安全
	员工发展		职业发展
	员工关爱		员工关爱
安全生产（S3）	安全生产管理	社区责任（S3）	电磁辐射管理
	安全教育与培训		社区发展
	安全生产绩效		社会公益
社区参与（S4）	本地化运营		
	公益慈善		
	志愿者活动		

三、环境绩效（E系列）

表3-3 环境绩效

一般框架议题		电信服务业议题	
绿色经营（E1）	环境管理体系	环境管理（E1）	环境管理体系
	环保培训		环保培训
	环境信息公开		能源资源管理
	绿色办公		环保信息公开
绿色工厂（E2）	能源管理	绿色网络（E2）	基站管理
	清洁生产		
	循环经济		
	节约水资源		机房管理
	减少温室气体排放		

续表

一般框架议题		电信服务业议题	
绿色产品（E3）	绿色供应链	绿色运营（E3）	电子业务
	绿色低碳产品研发		绿色办公
			绿色采购
	产品包装物回收再利用		废弃物回收利用
			绿色包装
绿色生态（E4）	生物多样性	环境友好（E4）	应对气候变化
	生态恢复与治理		绿色生态
			环保解决方案
	环保公益		环保公益

指 标 篇

第四章 报告指标详解

《指南》中报告指标体系由六大部分构成：报告前言（P）、责任管理（G）、市场绩效（M）、社会绩效（S）、环境绩效（E）和报告后记（A），如图4-1所示。

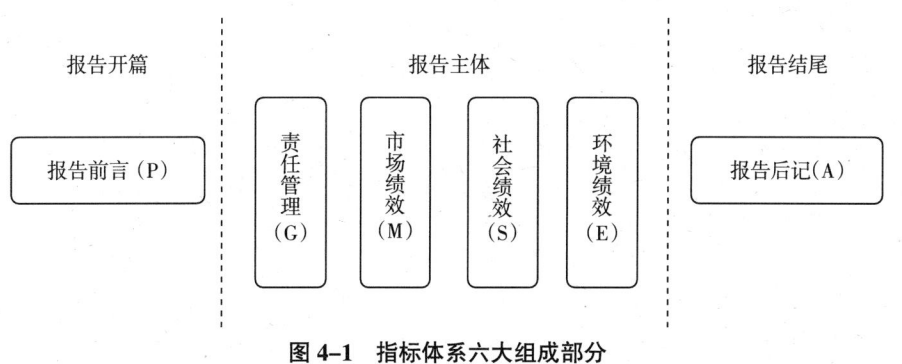

图4-1 指标体系六大组成部分

一、报告前言（P系列）

本板块依次披露报告规范、报告流程、高管致辞、企业简介（含公司治理概况）以及社会责任工作年度进展，如图4-2所示。

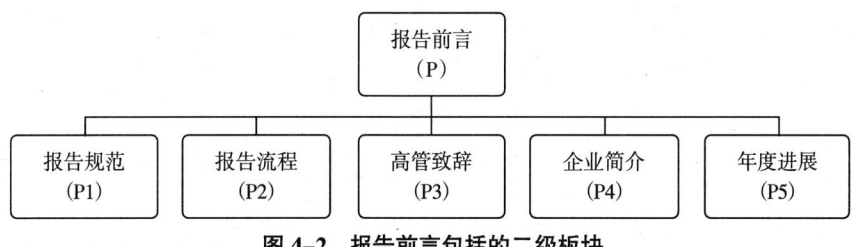

图4-2 报告前言包括的二级板块

（一）报告规范（P1）

<u>扩展指标</u>　P1.1 报告质量保证程序

指标解读：规范的程序是社会责任报告质量的重要保证。报告质量保证程序是指企业在编写社会责任报告的过程中通过什么程序或流程确保报告披露信息正确、完整、平衡。

一般情况下，报告质量保证程序的要素主要包括：

- 报告是否有第三方认证以及认证的范围；
- 企业内部的哪个机构是报告质量的最高责任机构；
- 在企业内部，报告的编写和审批流程。

示例：

2013年，中国移动连续第二年邀请普华永道中天会计事务所（特殊普通合伙）为上市公司年度可持续发展报告提供第三方报告鉴证服务，详见《中国移动2013年可持续发展报告》（第58~59页）。经过鉴证的关键绩效指标在集团公司报告中也进行了相应披露，其数据收集流程、计算方法等均与上市公司报告披露的相同指标保持一致。

——《中国移动2013年可持续发展报告》（P57）

<u>核心指标</u>　P1.2 报告信息说明

指标解读：该指标主要包括第几份社会责任报告、报告发布周期、报告参考标准和数据说明等。

示例：

本报告是中国移动通信集团公司第八份企业社会责任报告，重点披露公司经济、社会和环境可持续发展相关信息，时间跨度为2013年1月1日至2013年12月31日。

报告标准：报告编写力求符合业界通行的可持续发展信息披露相关标准，同时立足行业背景，突出企业特色。2013年12月，中国移动加入G4 Pioneer项目，报告编制指南由G3.1过渡为G4，并于第61~62页列出对照

G4 要求的内容索引表。

2013 年重点参考的报告编制标准包括：

全球报告倡议组织（GRI）《可持续发展报告编写指南（G4）》。

联合国全球契约（United Nations Global Compact）"十项原则"。

国际标准化组织（ISO）《社会责任指南（ISO26000)》。

香港交易所《环境、社会及管治报告指引》。

中国社会科学院《中国企业社会责任报告编写指南（CASS–CSR3.0)》。

报告内容及边界：遵循 G4 报告编写的"利益相关方参与、可持续发展背景、实质性和完整性"原则，中国移动通过实质性分析确定实质性议题及报告边界。部分重点议题的索引如下：

优化客户服务（参见 23~24 页）。

力保网络通畅（参见 19 页）。

强化自主创新（参见 9~10 页）。

保护客户权益（参见 20~22 页）。

引领产业发展（参见 12~15 页）。

支持社会公益（参见 32~35 页）。

惩治预防腐败（参见 11 页）。

强化风险管理（参见 48 页）。

数据及信息披露：2013 年报告的数据与信息收集主要通过：

公司内部相关数据收集系统与相关统计报表。

各省公司每季度报送的企业社会责任实践案例。

公司 2013 年优秀企业社会责任实践评选。

基于报告框架的定性及定量信息收集问卷。

货币：如无特别说明，本报告所示金额均以人民币列示。

——《中国移动 2013 年可持续发展报告》(P57)

[核心指标] P1.3 报告边界

指标解读：该指标主要指报告信息和数据覆盖的范围，如是否覆盖下属企业、合资企业以及供应链。

由于各种原因（如并购、重组等），一些下属企业或合资企业在报告期内无法纳入社会责任报告的信息披露范围，企业必须说明报告的信息边界。此外，如果企业在海外运营，需在报告中说明哪些信息涵盖了海外运营组织；如果企业报告涵盖供应链，需对供应链信息披露的原则和信息边界做出说明。

> **示例：**
>
> 报告范围：如无特别说明，本报告所有案例与数据均来源于中国移动通信集团公司及下属公司（本集团下设公司情况详见报告第 3 页）。
>
> ——《中国移动 2013 年可持续发展报告》（P57）

核心指标 P1.4 报告体系

指标解读：该指标主要指公司的社会责任信息披露渠道和披露方式。社会责任信息披露具有不同的形式和渠道。部分公司在发布社会责任报告的同时发布国别报告、产品报告、环境报告、公益报告等，这些报告均是企业披露社会责任信息的重要途径，企业应在社会责任报告中对这些信息披露形式和渠道进行介绍。

> **示例：**
>
> 中国移动有限公司（上市公司）也在集团报告框架下发布了报告，向利益相关方披露可持续发展绩效，报告为中、英版本，浏览下载地址为：www.chinamobileltd.com。
>
> ——《中国移动 2013 年可持续发展报告》（P57）
>
> 2014 年，KDDI 通过整合报告和可持续发展报告两种工具披露 CSR 信息。整合报告基于国际综合报告委员会（IIRC）编制的框架编写，描写股东所关注的环境、社会和管理方面的 CSR 倡议。在另一方面，可持续发展报告关注多方利益相关方，并包含综合的 CSR 信息。可持续发展报告仅以 PDF 格式发布，同时，CSR 网站也包含了相同的信息，并均有日文和英文两种版本。
>
> ——《日本 KDDI 2014 年可持续发展报告》（P1）

核心指标 P1.5 联系方式

指标解读：该指标主要包括解答报告及其内容方面问题的联络人及联络方式

和报告获取方式及延伸阅读。

> **示例：**
> 地址：北京市西城区金融大街 21 号，中国联通企业发展部
> 邮编：100033
> 传真：86-10-66258674
> 电子邮件：yangwei3@chinaunicom.cn
>
> ——《中国联通 2013 年社会责任报告》（P1）

（二）报告流程（P2）

扩展指标 P2.1 报告编写流程

指标解读： 该指标主要指公司从组织、启动到编写、发布社会责任报告的全过程。完整、科学的报告编写流程是报告质量的保证，也有助于利益相关方更好地获取报告信息。

> **示例：**
> 2013 年 10 月，中国联通启动社会责任报告编制工作。报告工作组核心团队由集团企业发展部担任，根据利益相关方日常沟通信息进行议题筛选和报告框架确定。协作团队由集团 21 个相关部门、31 省分公司（包含地市分公司），以及 16 个子公司联合组成，负责提供报告编写素材和建议。集团企业发展部拟定社会责任报告所需内容及具体要求，并与协作团队进行沟通解释和素材的收集与综合编制。报告编制完成后，由公司最高管理机构审核通过，并通过资本市场、网站、邮件、寄送等方式公开发布。
>
> ——《中国联通 2013 年社会责任报告》（P14）

核心指标 P2.2 报告实质性议题选择程序

指标解读： 该指标主要指在社会责任报告过程中筛选实质性议题的程序、方式和渠道，同时也包括实质性议题的选择标准。企业在报告中披露实质性议题选择程序，对内可以规范报告编写过程，提升报告质量，对外可以增强报告的可信度。

> **示例：**
> 为提升报告针对性与回应性，2013年中国移动进一步完善了实质性分析模型，并开展相关方专项调研，识别筛选出最具实质性的年度关键议题。
> 识别阶段：基于内外部文献研究及第三方调查，识别出对中国移动意义重大的22项可持续发展议题。
> 评估阶段：开展关键相关方专项调查，通过座谈会、电话访谈及在线问卷等方式，邀请不同类别相关方代表对各项议题实质性进行打分，并听取意见建议。
> 筛选阶段：基于实质性评估打分结果对议题进行排序，筛选出具有较强实质性的议题，作为报告重点披露内容。
> ——《中国移动2013年可持续发展报告》（P7）

[扩展指标] P2.3 利益相关方参与报告过程的程序和方式

指标解读： 该指标主要描述利益相关方参与报告编写方式和程序。利益相关方参与报告编写的方式和程序包括但不限于：

- 利益相关方座谈会；
- 利益相关方访谈与调研；
- 利益相关方咨询等。

> **示例：**
> 社会责任报告包含信息反馈板块，利益相关方的反馈信息将被认真收集和整理，作为下一年社会责任报告的重点回应内容。
> ——《中国联通2013年社会责任报告》（P14）

（三）高管致辞（P3）

高管致辞是企业最高领导对企业社会责任工作的概括性阐释。高管致辞代表了企业最高领导人（团队）对社会责任的态度和重视程度。包括两个方面的内容：

[核心指标] P3.1 企业履行社会责任的机遇和挑战

指标解读： 该指标主要描述企业实施社会责任工作的战略考虑及企业实施社

会责任为企业带来的发展机遇以及挑战。

> **示例：**
>
> 2013年，从宽带中国、信息消费到4G牌照发放，我们共同见证了移动互联网时代的蓬勃兴起。其迅猛来势，无远弗届。手机替代相机、书本、地图甚至钱包，成为我们感知和改变世界的延伸"器官"，未来场景正在变成现实。
>
> 在移动互联网时代，传统的消费方式、服务形态、生产方式正在被打破和重构，通信业、金融业、服务业，甚至工商业都将不得不面临转型升级的沉重课题。作为全球网络和客户规模最大的移动通信运营商，中国移动也处于风口浪尖之上。毋庸讳言，移动互联网的发展对传统通信业务带来了巨大挑战，短信、彩信、语音业务发展遇到瓶颈甚至出现下滑，而正在加速的4G网络建设和一系列面向未来的资源储备，让中国移动在2013年第三季度首次出现净利润同比下滑。技术发展与产业变迁的时代潮流不容回避，以战略转型与改革创新来拥抱这个充满变化和挑战的时代成为中国移动的主动选择。
>
> ——《中国移动2013年可持续发展报告》（P1）

核心指标 P3.2 企业年度社会责任工作成绩与不足的概括总结

指标解读：该指标主要指企业本年度在经济、社会和环境领域取得了哪些关键绩效，以及存在哪些不足和改进。

> **示例：**
>
> 中国电信坚持将社会责任融入企业的生产经营和管理。2013年，我们加强社会责任宣贯，帮助干部员工增强自觉履行社会责任的意识。我们第一时间投入雅安地震等自然灾害的抢险救灾，积极参与南极科考等重大活动，"村通工程"完成6800余个行政村通宽带和1600余个自然村通电话的建设任务，"宽带中国·光网城市"工程使中国电信有线宽带用户中使用4Mb/s及以上带宽产品的用户比例达到80%，3G网络覆盖85%的行政村，开展第四代移动通信（LTE）的试验。我们积极参与各地的智慧城市建设，支撑民

生、政务、企业等各领域的信息化，深入推进中小学信息化。结合开展群众路线教育实践活动，我们针对客户反映的关于业务订购、宽带装维等方面的突出问题，扎实推进整改工作，客户感知显著改善。我们加强安全文明生产，持续改善基层员工的工作生活条件，通过培训、技能竞赛等多种形式帮助员工发展。我们加强节能减排管理，加大对基础配套系统节能改造的力度，推广合同能源管理，有效控制能耗增幅。持续推广环保信息化产品，助力客户的节能减排与绿色发展。我们加大与各通信运营商开展通信基础设施共建共享的力度，进一步提高通信基础设施的利用率。我们持续开展多种形式的公益活动，扶危助困，支持科教文卫等社会事业的发展。

——《中国电信2013年社会责任报告》（P5）

（四）企业简介（P4）

核心指标 P4.1 企业名称、所有权性质及总部所在地

指标解读：该指标主要介绍企业的全称、简称，企业所有权结构，以及企业总部所在的省市。

示例：

中国移动通信集团公司（以下简称"中国移动"、"集团"、"公司"）于2000年4月20日成立，注册资本3000亿元人民币，资产规模超过万亿元人民币，是全球网络规模、客户规模最大的移动通信运营商。

中国移动全资拥有中国移动（香港）集团有限公司，由其控股的中国移动有限公（以下简称"上市公司"）在国内31个省（自治区、直辖市）和香港特别行政区设立全资子公司，并在香港和纽约上市。

——《中国移动2013年可持续发展报告》（P3）

核心指标 P4.2 企业主要品牌、产品及服务

指标解读：通常情况下，企业对社会和环境的影响主要通过其向社会提供的产品和服务实现。因此，企业应在报告中披露其主要品牌、产品和服务，以便于报告使用者全面理解企业的经济、社会和环境影响。

> **示例：**
> 2009年，中国联通3G业务上市之时推出全业务品牌"沃"，旗下包含面向个人、家庭、青少年、企业的"沃·3G"、"沃·家庭"、"沃派"、"沃·商务"业务板块，以及面向所有客户的沃·服务板块。2013年，为有效整合资源集中推广核心优势，公司借4G到来之机进行品牌架构优化调整，去掉"沃·3G"和"沃·家庭"板块，直接由"沃"品牌统领对大众的移动、宽带业务宣传推广。
> ——《中国联通2013年社会责任报告》(P8)

[核心指标] P4.3 企业运营地域及运营架构，包括主要部门、运营企业、附属及合营机构

指标解读： 企业运营地域、运营企业界定了其社会和环境影响的地域和组织，因此，企业在报告中应披露其运营企业，对于海外运营企业还应披露其运营地域。

> **示例：**
> 中国移动全资拥有中国移动（香港）集团有限公司，由其控股的中国移动有限公（以下简称"上市公司"）在国内31个省（自治区、直辖市）和香港特别行政区设立全资子公司，并在香港和纽约上市。
> ——《中国移动2013年可持续发展报告》(P3)

[核心指标] P4.4 按产业、顾客类型和地域划分的服务市场

指标解读： 企业的顾客类型、服务地域和服务市场界定了其社会和环境影响的范围，因此，企业应在报告中披露其服务对象和服务市场。

> **示例：**
> 中国联通拥有覆盖全国、通达世界的现代通信网络，拥有全球最大的新一代移动通信WCDMA网络，积极推进固定网络和移动网络的宽带化，扩大国际网络覆盖，进一步完善营销网点布局，为广大用户提供全方位、高品质信息通信服务。截至2013年底，3G基站数达到40.7万个，固网宽带接

入端口达到 11907 万个，国际漫游业务覆盖 250 个国家和地区的 574 家运营商。

——《中国联通 2013 年社会责任报告》（P6）

核心指标　P4.5 按雇佣合同（正式员工和非正式员工）和性别分别报告从业员工总数

指标解读：从业人员指年末在本企业实际从事生产经营活动的全部人员。包括在岗的职工（合同制职工）、临时工及其他雇用人员、留用人员，不包括与法人单位签订劳务外包合同的人员，同样不包括离休、退休人员。

示例：

员工性别构成

指标名称	2011 年	2012 年	2013 年
全体员工中女员工比例（%）	40.53	40.08	40.92
高级管理层中女性比例（%）*	17.43	17.92	18.17

*注：高级管理层指省级公司副总经理及以上和总部部门总经理及以上职位的管理人员。

——《中国移动 2013 年可持续发展报告》（P51）

扩展指标　P4.6 列举企业在协会、国家或国际组织中的会员资格或其他身份

指标解读：企业积极参与协会组织以及国际组织，一方面是企业自身影响力的表现，另一方面可以发挥自身在协会等组织中的影响力，带动其他企业履行社会责任。

示例：

公司是联合国全球契约正式成员，认可并努力遵守全球契约十项原则。同时，公司作为全球报告倡议组织（GRI）相关方网络（OS）的首批中国会员，积极参与和支持全球可持续发展报告标准研究与制定，并作为中国内地唯一企业参与 G4 Pioneer 项目。

——《中国移动 2013 年可持续发展报告》（P3）

[扩展指标] P4.7 报告期内关于组织规模、结构、所有权或供应链的重大变化

指标解读：该指标主要指企业发生重大调整的事项。企业改革往往对企业本身和利益相关方产生深远影响，企业披露重大调整事项有助于加强利益相关者沟通及寻求支持。

（五）年度进展（P5）

年度进展主要包括报告期内企业社会责任工作的年度绩效对比表、关键绩效数据表以及报告期内企业所获荣誉列表。社会责任工作绩效对比表主要从定性的角度描述企业社会责任管理及社会责任实践组织机构、规章制度的完善以及管理行为的改进等；关键绩效数据表从定量的角度描述企业社会责任工作取得的可以数量化的工作成效；报告期内公司荣誉表是对报告期内企业所获荣誉进行集中展示。

[核心指标] P5.1 年度社会责任重大工作

指标解读：年度社会责任工作进展主要是从战略行为和管理行为的角度出发，企业在报告年度内做出的管理改善，包括但不限于：

- 制定新的社会责任战略；
- 建立社会责任组织机构；
- 在社会责任实践领域取得的重大进展；
- 下属企业社会责任重大进展等。

示例：

管理模块	概述	管理提升
		2013年度进展
策略管理	根据公司战略方向，明确CSR工作的阶段性目标、工作重点和实施策略，为公司上下协同履行社会责任提供行动指南	● 全面开展CSR管理提升活动，聚焦五大课题，各省公司制定实施148项提升措施 ● 全面优化CSR管理体系与流程，发布实施《中国移动企业社会责任管理办法（2013版）》 ● 深化CSR关键议题研究，围绕关键议题创新开展CSR实践
执行管理	以社会责任理念传导为基础，以提升社会责任关键议题管理水平为核心，通过开展专项培训、对标研究、信息采集与监控等系列工作，确保社会责任融入公司运营	● 完成省公司CSR管理骨干年度培训，年度CSR专项宣贯培训共覆盖131350人次 ● 完成对2013年DJSI问卷22个议题、114项评估要素、546项评估点的全面梳理和对标分析，针对性改进提升议题短板，保持入选DJSI指数

续表

管理模块	概述	2013年度进展
绩效管理	以内外结合、远近兼顾为原则,对公司可持续发展能力及CSR实践成效进行科学、全面的评价,并实施针对性改进,推广典范实践,提升相关绩效	● 完成2012年度可持续发展能力评估,全面评估各下属公司四大可持续发展能力,引导提升能力短板,其中第三方调查共覆盖50340个样本 ● 完成年度CSR优秀实践评选,全面引入相关方参与,公众网络投票点击超过189万次,较上年显著提升 ● 出版发行《中国移动优秀企业社会责任实践精选》,树立和推广典范
沟通管理	根据国内外通行标准要求,定期编制发布可持续发展报告,提升运营透明度;系统性开展关键利益相关方沟通活动,建立良好互动的相关方沟通机制	● 连续七年由公司管理层主持发布年度可持续发展报告,2012年报告获2013年联合国全球契约中国最佳实践奖、金蜜蜂2013年优秀企业社会责任报告领袖型企业奖、2013年中国企业50强公众透明度·典范企业奖等多项肯定 ● 2013年成为全球报告倡议组织(GRI)相关方网络的首批中国会员,作为代表性企业参与GRI知识分享计划,并作为中国内地唯一企业参与G4 Pioneer项目

——《中国移动2013年可持续发展报告》(P5)

核心指标　P5.2 年度责任绩效

指标解读:年度责任绩效主要从定量的角度出发披露公司在报告期内取得的重大责任绩效,包括但不限于以下内容:

● 财务绩效;

● 客户责任绩效;

● 伙伴责任绩效;

● 员工责任绩效;

● 社区责任绩效;

● 环境责任绩效等。

核心指标　P5.3 年度责任荣誉

指标解读:年度责任荣誉主要指公司在报告期内在责任管理、市场责任、社会责任和环境责任方面获得的重大荣誉奖项。

示例:

连续九年在国务院国有资产监督管理委员会(简称"国资委")中央企业负责人经营业绩考核中获得最高级别——A级。

上市公司连续第六年入选道·琼斯可持续发展系列指数，并连续第四年入选恒生可持续发展指数。

连续五年荣获中国公益慈善领域最高政府奖——"中华慈善奖"。

在《财富》杂志世界500强中由去年的第81位上升至第71位。

上市公司在《福布斯》杂志"全球2000领先企业榜"排名由上年的第31位上升到第29位。

上市公司再度入选《金融时报》"全球五百强"，排名第14位。

中国移动品牌连续第八年入选明略行和《金融时报》发布的"BRANDZ™ 100全球最强势品牌"排名，列全球第十位，位居中国品牌之首。

在国资委举办的中央企业管理提升活动中，被选为企业社会责任管理提升标杆企业。

在中国社会科学院发布的"中国企业100强企业社会责任发展指数（2013）"中位列第五名，并位列通信业第一名。

——《中国移动2013年可持续发展报告》（P3）

二、责任管理（G系列）

有效的责任管理是企业实现可持续发展的基石。企业应该推进企业社会责任管理体系的建设，并及时披露相关信息。根据最新研究成果，[①] 企业社会责任管理体系包括责任战略、责任治理、责任融合、责任绩效、责任沟通和责任能力六大部分。其中，责任战略的制定过程实际上是企业社会责任的计划（Plan-P）；责任治理、责任融合的过程实际上是企业社会责任的执行（Do-D）；责任绩效和报告是对企业社会责任的评价（Check-C）；调查、研究自己社会责任工作的开展情况、利益相关方意见的反馈以及将责任绩效反馈到战略的过程就是企业社会责任的改善（Act-A）。这六项工作整合在一起就构成了一个周而复始、闭环改进的PDCA过程，推动企业社会责任管理持续发展，如图4-3所示。

---

① 该框架是国资委软课题《企业社会责任推进机制研究》成果，课题组组长：彭华岗，副组长：楚序平、钟宏武，成员：侯洁、陈锋、张璟平、张蒽、许英杰。

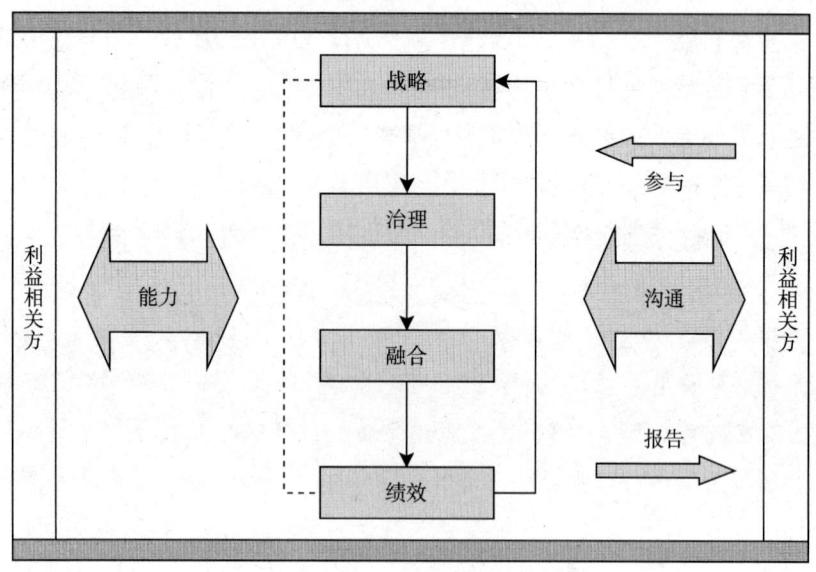

图 4-3 企业社会责任管理的六维框架

（一）责任战略（G1）

社会责任战略是指公司在全面认识自身业务对经济社会环境影响、全面了解利益相关方需求的基础上，制定明确的社会责任理念、核心议题和社会责任规划，包括三个方面。

核心指标 G1.1 社会责任理念、愿景及价值观

指标解读：该指标描述企业对经济、社会和环境负责任的经营理念、愿景及价值观。

> **示例：**
>
> 中国移动所理解的"可持续发展"是通过与利益相关方的紧密合作，将经济、社会与环境责任融入企业战略与经营活动，在有效管理自身社会影响的同时，最大限度地与利益相关方创造和分享价值，从而实现企业与利益相关方在经济、社会与环境方面共同可持续发展。
>
> ——《中国移动2013年可持续发展报告》（P4）

扩展指标 G1.2 企业签署的外部社会责任倡议

指标解读：该指标描述企业参加、签署的外部社会责任倡议，包括经济、社

会、环境等各领域。

示例：

中国移动秉承"正德厚生　臻于至善"的核心价值观，真诚践行"以天下之至诚而尽己之性、尽人之性、尽物之性"的企业责任观，追求企业与利益相关方在经济、社会与环境方面共同可持续发展。

公司是联合国全球契约正式成员，认可并努力遵守全球契约十项原则。同时，公司作为全球报告倡议组织（GRI）相关方网络（OS）的首批中国会员，积极参与和支持全球可持续发展报告标准研究与制定，并作为中国内地唯一企业参与 G4 Pioneer 项目。

——《中国移动 2013 年可持续发展报告》（P4）

核心指标　G1.3 辨识企业的核心社会责任议题

指标解读： 该指标主要描述企业辨识社会责任核心议题的工具和流程，以及企业的核心社会责任议题包括的内容。企业辨识核心社会责任议题的方法和工具包括但不限于：

● 利益相关方调查；
● 高层领导访谈；
● 行业背景分析；
● 先进企业对标等。

示例：

识别议题来源：以道·琼斯可持续发展指数为主，兼顾国际标准、国家政策要求、社会舆论关注点、国内外通信企业和相关企业议题趋势以及公司发展规划选择社会责任议题。

形成议题池：第一，通过对标道·琼斯可持续发展指数，参考国际标准与趋势、国家政策要求和社会舆论关注点形成一般议题；第二，通过分析国内外通信企业、相关行业企业形成行业议题；第三，结合公司发展规划和运营实践形成中国联通责任议题。

划分优先等级：根据"对中国联通业务的影响"和"对利益相关方的重

要性"两个维度建立议题筛选矩阵,对议题池中的议题进行优先等级排序。

审核确定:对筛选出的社会责任议题进行审核并最终确定公司社会责任议题。

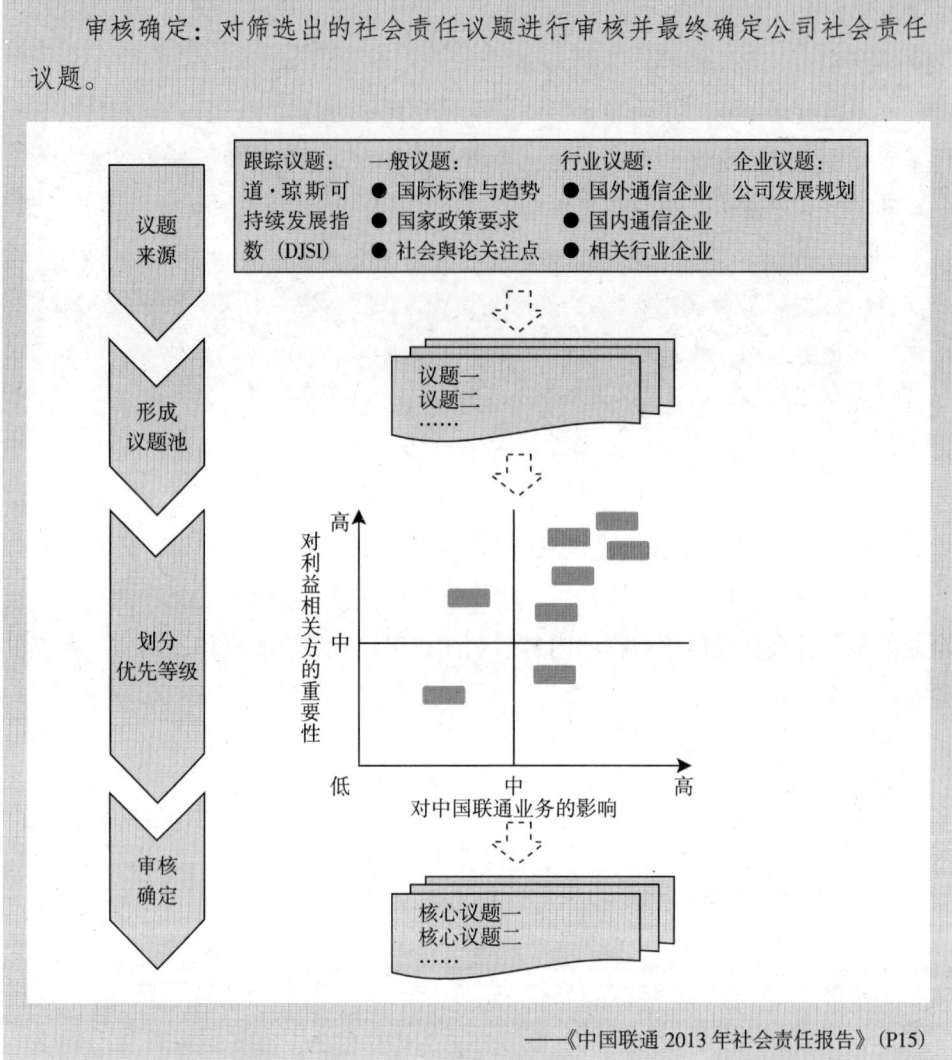

——《中国联通2013年社会责任报告》(P15)

扩展指标　G1.4 企业社会责任规划

指标解读:社会责任规划是企业社会责任工作的有效指引。该指标主要描述企业社会责任工作总体目标、阶段性目标、保障措施等。

示例:

为全面系统推进社会责任工作,编制《中国联通社会责任发展规划

(2014~2016)》，明确公司社会责任工作目标和路径，做好未来工作的顶层设计，制定好统筹实施方案。确定了未来三年公司着力提升的六项社会责任管理重点，以及七大社会责任核心议题。

——《中国联通2013年社会责任报告》(P12)

（二）责任治理（G2）

CSR治理是指通过建立必要的组织体系、制度体系和责任体系，保证公司CSR理念得以贯彻，保证CSR规划和目标得以落实，包括CSR组织、CSR制度等方面。

扩展指标 G2.1 社会责任领导机构

指标解读：社会责任领导机构是指由企业高层领导（通常是企业总裁、总经理等高管）直接负责的、位于企业委员会层面最高的决策、领导、推进机构，例如社会责任委员会、可持续发展委员会、企业公民委员会等。

示例：

CSR指导委员会（决策层）：公司董事长任主任，总部相关部门共同参与，对公司社会责任战略、目标、规划和相关重大事项进行审议与决策。

——《中国移动2013年可持续发展报告》(P4)

扩展指标 G2.2 利益相关方与企业最高治理机构之间沟通的渠道或程序

指标解读：利益相关方与最高治理机构之间的沟通和交流是利益相关方参与的重要内容和形式。企业建立最高治理机构和利益相关方之间的沟通渠道有助于从决策层高度加强与利益相关方的交流，与利益相关方建立良好的伙伴关系。

示例：

总裁信箱：高层意见直通车

2010年11月，公司总裁信箱（CEO@chinamobile.com）正式开通，并在2011年5月正式向客户、合作伙伴开放。2013年，总裁信箱共收到来信2194件，包括对公司管理、业务发展、网络建设、员工成长、客户权益保护等方面的意见和建议。基于规范流程，上述来信均得到及时、妥善处理和回复。

——《中国移动2013年可持续发展报告》（P5）

[核心指标]　**G2.3 建立社会责任组织体系**

指标解读： 该指标主要包括两个方面的内容：①明确或建立企业社会责任工作的责任部门；②企业社会责任工作部门的人员配置情况。

一般而言，社会责任组织体系包括以下三个层次：

● 决策层，主要由公司高层领导组成，负责公司社会责任相关重大事项的审议和决策；

● 组织层，公司社会责任工作的归口管理部门，主要负责社会责任相关规划、计划和项目的组织推进；

● 执行层，主要负责社会责任相关规划、计划和项目的落实执行。

示例：

有效的社会责任管理离不开高层重视与全员参与。公司自2008年起设立CSR指导委员会，建立起管理层深度参与、横向协调各专业部门、纵向覆盖各下属单位的CSR组织体系。

（决策层）CSR指导委员会：公司董事长任主任，总部相关部门共同参与，对公司社会责任战略、目标、规划和相关重大事项进行审议与决策。

（组织层）CSR办公室：CSR办公室设于总部发展战略部，负责牵头组织、协调横向各专业部门、纵向各下属单位的可持续发展工作，推动可持续发展战略及目标达成。

（实施层）横向各专业部门、纵向各下属单位：总部专业部门依据职责分工实施可持续发展关键议题归口管理，完成从策略、执行到评估的闭环管理各下属单位战略管理责任部门承担CSR管理推进职责，建立跨部门及跨层级虚拟团队，组织落实CSR工作。

——《中国移动2013年可持续发展报告》（P4）

核心指标　G2.4 社会责任组织体系的职责与分工

指标解读： 由于社会责任实践由公司内部各部门具体执行，因此，在企业内部必须明确各部门的社会责任职责与分工。

示例：

在2011年初步搭建社会责任指导委员会的基础上，进一步在总部、各省分公司、子公司明确社会责任管理职责归属部门及专门工作联系人，明确各级社会责任管理部门职责。

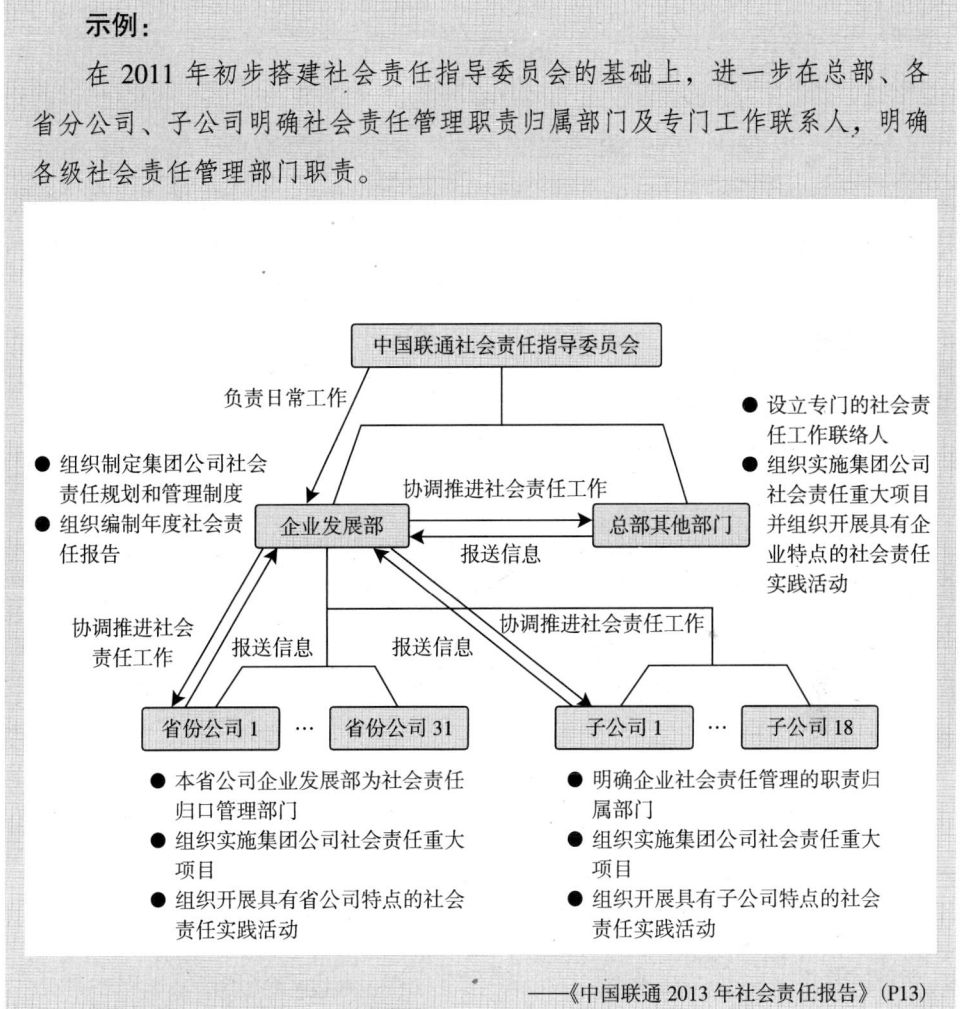

——《中国联通2013年社会责任报告》(P13)

扩展指标　G2.5 社会责任管理制度

指标解读： 社会责任工作的开展落实需要有力的制度保证。企业社会责任制度包括社会责任沟通制度、信息统计制度、社会责任报告的编写发布等制度。

> **示例：**
> 全面优化 CSR 管理体系与流程，发布实施《中国移动企业社会责任管理办法（2013版）》。
>
> ——《中国移动2013年可持续发展报告》(P5)

（三）责任融合（G3）

责任融合是指企业将 CSR 理念融入企业经营发展战略和日常运营，包括推进专项工作转变、推动下属企业履行社会责任、推动供应链合作伙伴履行社会责任三个方面。

扩展指标 G3.1 推进下属企业社会责任工作

指标解读：该指标主要描述企业下属企业的社会责任工作情况，包括下属企业发布社会责任报告、对下属企业进行社会责任培训、在下属企业进行社会责任工作试点、对下属企业社会责任工作进行考核与评比等。

> **示例：**
> 制定综合能耗总量年度控制目标，将指标细化分解到各级企业，纳入对各级企业负责人经营业绩的考核体系。
>
> ——《中国电信2013年社会责任报告》(P57)

扩展指标 G3.2 推动供应链合作伙伴履行社会责任

指标解读：该指标包括两个层次：描述企业对合作机构、同业者以及其他组织履行社会责任工作的倡议；推进下游供应链企业的社会责任意识。

> **示例：**
> 以国内劳动基准法、环境保护法及劳工安全卫生法及其施行细则等相关法令为基础，制定"承揽商安全卫生环保规章"，公布于采购招标网站中，所有承揽商皆须签署，若有违反者将停止与其合作，以确保维运作业安全、保障劳工安全与健康及防治污染危害，以降低供应链中可能发生的风险。
> 此外，并密切关注有关各类采购产品在生产过程中，对环境冲击与社会

责任的实践状况，包括有害物质的禁限用、手机电磁波吸收比值（Specific Absorption Rate，SAR）与劳工人权等面向，电信服务业虽不是消费产品的直接生产者，但却是价值链中与消费者最密切相关的接口，任何供应伙伴对于企业社会责任的正面实践与负面事件，都对公司声誉产生影响，我们已在2011年公告供货商社会责任声明书，针对劳工权益与人权、健康与安全、环境、道德规范四大面向，邀请供应伙伴一同实践社会责任，我们将不仅扮演驱动与讯息传递的角色，更期待对整体产业的社会责任实践产生帮助。

——《台湾大哥大股份有限公司2012年企业社会责任报告》（P39）

（四）责任绩效（G4）

CSR绩效是指企业建立社会责任指标体系，并进行考核评价，确保社会责任目标的实现，包括社会责任指标体系和社会责任考核评价等。

扩展指标　G4.1 构建企业社会责任指标体系

指标解读：该指标主要描述企业社会责任评价指标体系的构建过程和主要指标。建立社会责任指标体系有助于企业监控社会责任的运行情况。

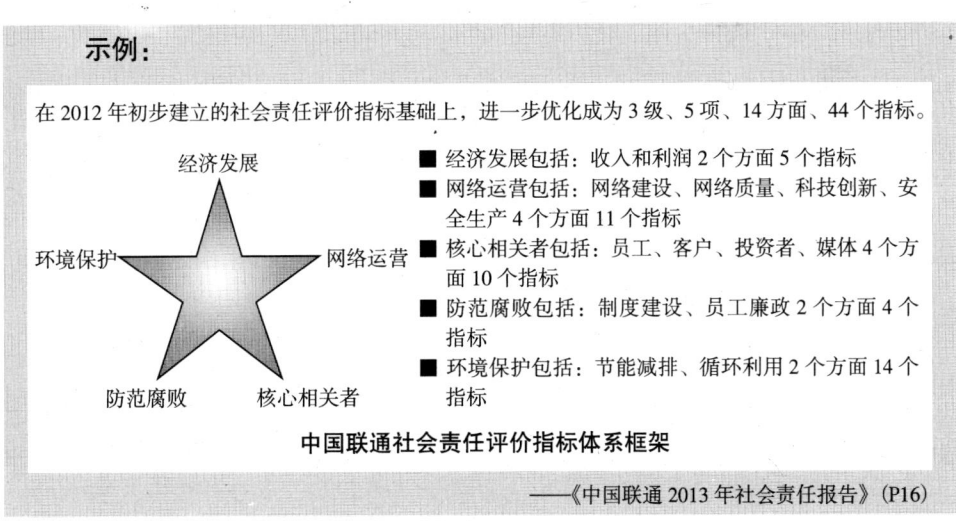

示例：

在2012年初步建立的社会责任评价指标基础上，进一步优化成为3级、5项、14方面、44个指标。

- 经济发展包括：收入和利润2个方面5个指标
- 网络运营包括：网络建设、网络质量、科技创新、安全生产4个方面11个指标
- 核心相关者包括：员工、客户、投资者、媒体4个方面10个指标
- 防范腐败包括：制度建设、员工廉政2个方面4个指标
- 环境保护包括：节能减排、循环利用2个方面14个指标

中国联通社会责任评价指标体系框架

——《中国联通2013年社会责任报告》（P16）

扩展指标　G4.2 依据企业社会责任指标进行绩效评估

指标解读：该指标主要描述企业运用社会责任评价指标体系，对履行企业社

会责任的绩效进行评价的制度、过程和结果。

> **示例：**
> 中国电信建立由6个方面、12个维度、47个关键绩效指标组成的社会责任指标管理体系，2013年对标同行业先进水平，修订客户责任等指标要求，相关指标纳入对省级公司的年度绩效考核。
> ——《中国电信2013年社会责任报告》(P18)

扩展指标　G4.3 企业社会责任优秀评选

指标解读： 该指标主要描述企业内部的社会责任优秀单位、优秀个人评选或优秀实践评选相关制度、措施及结果。

> **示例：**
> 完成年度CSR优秀实践评选，全面引入相关方参与，公众网络投票点击超过189万次，较上年显著提升；出版发行《中国移动优秀企业社会责任实践精选》，树立和推广典范。
> ——《中国移动2013年可持续发展报告》(P15)

核心指标　G4.4 企业在经济、社会或环境领域发生的重大事故，受到的影响和处罚以及企业的应对措施

指标解读： 如果报告期内企业在经济、社会或环境等领域发生重大事故，企业应在报告中进行如实披露，并详细披露事故的原因、现状和整改措施。

（五）责任沟通（G5）

责任沟通是指企业就自身社会责任工作与利益相关方开展交流，进行信息双向传递、接收、分析和反馈，包括利益相关方参与、CSR内部沟通机制和外部CSR沟通机制等方面。

核心指标　G5.1 企业利益相关方名单

指标解读： 利益相关方是企业的履责对象，企业必须明确与自身经营相关的利益相关方，并在报告中列举利益相关方名单。

示例：

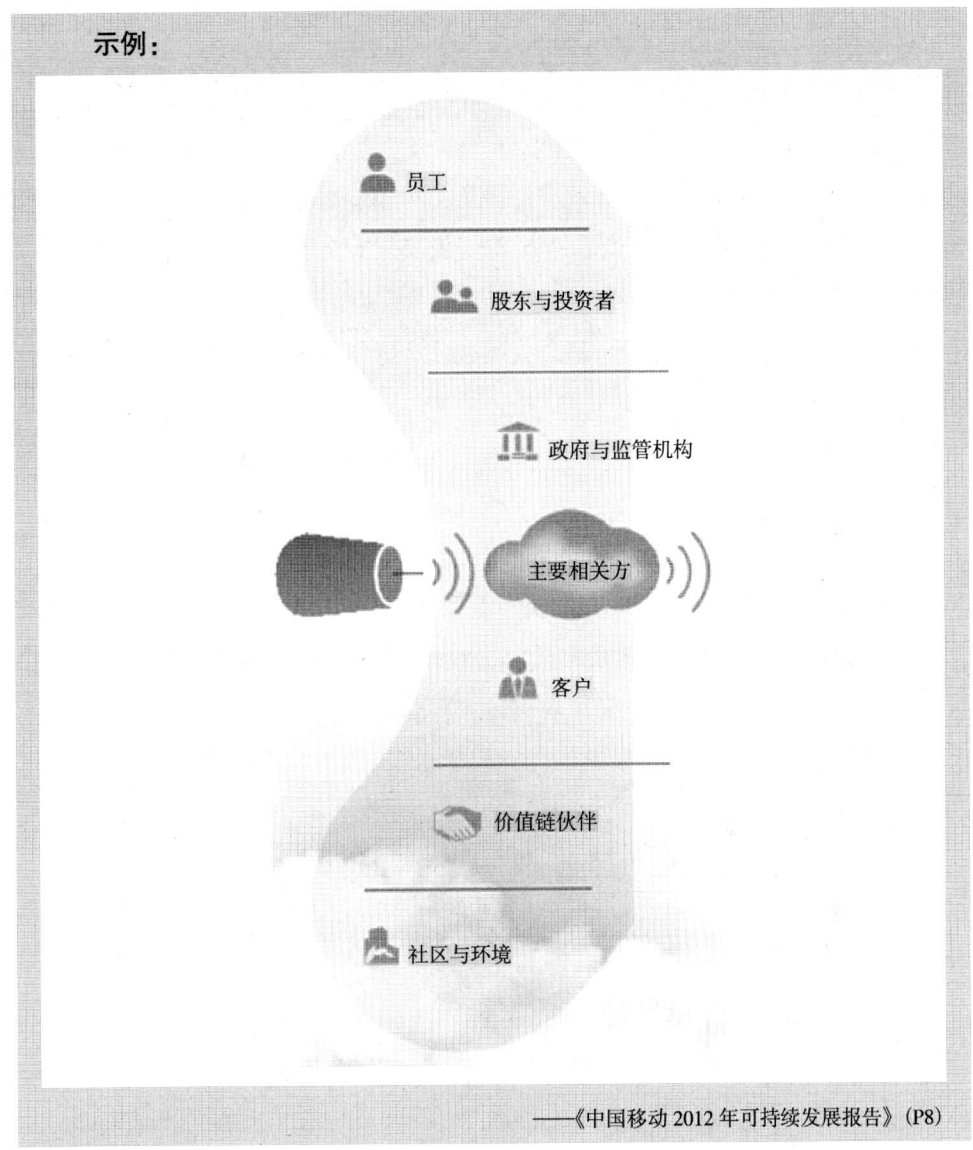

——《中国移动2012年可持续发展报告》(P8)

扩展指标　G5.2 识别及选择核心利益相关方的程序

指标解读：由于企业利益相关方众多，企业在辨识利益相关方时必须采用科学的方法和程序。

示例：

利害关系人类别	影响力高低	沟通管道
员工（现职员工、员工眷属）	5	E-mail、电话专线、异言堂网站、劳资协商会议
客户（一般客户、企业客户）	5	客服专线、服务中心
监管机关（NCC、立法院交通委员会）	5	E-mail、公文、会议、电话、专程拜访
投资人（股东、机构投资人）	3	股东专线、IR 网站、定期举办法说会及 Roadshow
合作伙伴（供货商、承包商）	2	E-mail、电话专线、供货商大会
媒体	5	E-mail、电话专线、新闻稿、记者会
小区/NGOs/NPOs	4	E-mail、电话专线、利害关系人座谈会
同业	2	公文、会议

——《中华电信 2012 年企业社会责任报告书》（P12）

核心指标 G5.3 利益相关方的关注点和企业的回应措施

指标解读：该指标包含两个方面：①对利益相关方的需求及期望进行调查；②阐述各利益相关方对企业的期望以及企业对利益相关方期望进行回应的措施。

示例：

利益相关方	沟通渠道和方式	对中国电信的期望	中国电信的回应
投资者	● 定期或不定期汇报 ● 报表和拜访 ● 业务部门日常沟通 ● 投资者会议	● 资产保值增值 ● 企业治理规范 ● 防范经营风险	● 提高公司治理水平，不断完善内部控制体系 ● 稳健经营，提高盈利能力，提升股东权益
客户	● 客户服务热线 ● 营业厅客户调查 ● 客户经理拜访 ● 客户满意度调查	● 更丰富的信息化业务 ● 提升服务质量 ● 降低资费 ● 防范不良信息 ● 保护个人隐私	● 业务及产品创新 ● 推进透明消费 ● 合理优惠消费 ● 规范增值业务合作管理 ● 依法保护客户信息
员工	● 职工代表大会 ● 员工与管理者面对面沟通 ● 员工培训 ● 征求意见	● 维护合法权益 ● 实现职业发展 ● 参与管理 ● 关爱员工	● 完善收入分配和福利保障机制 ● 规范劳动用工机制 ● 加强员工培训 ● 改善工作条件 ● 依法保护客户信息

续表

行业监管机构	● 会议 ● 专项汇报或报告 ● 报表和拜访	● 遵守行业监管法规 ● 促进行业发展 ● 提供政策建议	● 守法合规 ● 理性竞争、自觉维护市场秩序 ● 积极建言献策
政府	● 会议 ● 专项汇报和报告 ● 参与政府项目 ● 报表和拜访	● 遵守法律法规 ● 落实政府管理要求 ● 提升经济社会信息化水平 ● 不断发展，稳定就业	● 依法治企、诚信经营 ● 依法纳税，带动就业 ● 服务信息化、促进经济发展方式转变
产业链	● 业务沟通 ● 业务培训 ● 座谈会或论坛	● 互相尊重，平等合作 ● 创造价值，拓展领域	● 诚信合作、互利共赢 ● 积极促进产业链发展
同业者	● 论坛或会议 ● 纠纷协调解决 ● 专题工作组 ● 走访	● 关注行业发展趋势和机会 ● 公平合法竞争 ● 开展合作	● 积极沟通，交流经验 ● 做好互联互通 ● 积极开展共建共享
社区	● 社区沟通活动 ● 社区共建活动 ● 社会公益活动	● 保护环境 ● 电信普遍服务 ● 保障应急通信 ● 扶危济困	● 实施节能减排、保护环境的措施 ● 履行普遍服务义务，保障通信畅通 ● 扶贫共赢，热心公益

——《中国电信 2013 年社会责任报告》（P19）

核心指标　G5.4 企业内部社会责任沟通机制

指标解读：该指标主要描述企业内部社会责任信息的传播机制及媒介。企业内部社会责任沟通机制包括但不限于以下内容：

● 内部刊物，如《社会责任月刊》、《社会责任通讯》等；

● 在公司网站建立社会责任专栏；

● 社会责任知识交流大会；

● CSR 内网等。

示例：

为向全体员工广泛普及社会责任理论知识，真实全面了解公司基层员工对社会责任的认知情况，以及对公司履行社会责任表现的评价，中国联通在包括总部、省分公司、子公司的全系统开展了"中国联通企业社会责任问卷调查"。调查问卷包括 73 个问题，涉及背景信息、社会责任意识、社会责任内容、社会责任实践、社会责任表现及履行水平5大方面。全集团5万多名员工通过在线填写的方式自愿参与了此次调查活动。

——《中国联通2013年社会责任报告》(P18)

核心指标 G5.5 企业外部社会责任沟通机制

指标解读： 该指标主要描述企业社会责任信息对外部利益相关方披露的机制及媒介，如发布社会责任报告、召开及参加利益相关方交流会议、工厂开放日等。

示例：

公司通过自媒体宣传，营造透明央企、责任央企形象。积极强化中国联通官博建设，树立企业形象，主动解疑释惑，疏通化解矛盾，增进用户沟通，推广先进典型，从制度建设、组织体系、内容丰富度、互动沟通等方面开展工作，发展粉丝近300万，博文阅读量近10亿次，有效传播了企业正能量。公司在网络媒体上积极聆听用户的声音，并充分利用社交媒体进行及时回应。在2013年11月份网络口碑监测中发现，用户对联通客户服务正面评价超过80%，对3G正面评价超过68%，对宽带速度正面评价超过84%，对宽带安装速度正面评价超过94%。

——《中国联通2013年社会责任报告》(P18)

核心指标 G5.6 企业高层领导参与的社会责任沟通与交流活动

指标解读： 该指标主要描述企业高层领导人参加的国内外社会责任会议，以及会议发言、责任承诺等情况。

示例：

公司董事长常小兵签署由中国企业联合会、中国工业经济联合会、中国上市公司协会共同发起的《中国企业界应对气候变化倡议书》，表明中国联通愿意为应对气候变化做出努力。公司总经理陆益民参加联合国开发计划署"中国企业海外可持续发展"高层圆桌论坛，提出希望借助"中国企业海外可持续发展"项目，为中国企业"走出去"在扩大国际合作上搭建新的桥梁，在获取信息上形成新的渠道，在经验分享上建立新的机制。

——《中国联通2013年社会责任报告》(P18)

（六）责任能力（G6）

责任能力是指企业通过开展社会责任课题研究、参与社会责任交流和研讨活动提升组织知识水平；通过开展社会责任培训与教育活动提升组织员工的社会责任意识。

|扩展指标| G6.1 开展企业社会责任课题研究

指标解读：由于社会责任是新兴课题，企业应根据社会责任理论与实践的需要自行开展社会责任调研课题，把握行业现状和企业自身情况，以改善企业社会责任管理，优化企业社会责任实践。

> **示例：**
> 中国联通的战略合作伙伴西班牙电信是社会责任国际领先企业，多次入选道·琼斯可持续发展指数，曾被《财富》评为 2011 年"全球最受尊敬的电信公司"。2013 年，中国联通与西班牙电信通过座谈、视频会、邮件等形式开展多次交流研讨，就关于公司信誉的风险管理、供应链责任、可持续发展指数等内容进行了深入探讨，取得了丰富宝贵的研讨成果。
> ——《中国联通 2013 年社会责任报告》（P17）

|扩展指标| G6.2 参与社会责任研究和交流

指标解读：该指标主要指企业通过参与国内外、行业内外有关社会责任的研讨和交流，学习、借鉴其他企业和组织的社会责任先进经验，进而提升本组织的社会责任绩效。

> **示例：**
> 中国联通持续关注业界动向，积极参加非政府组织、学术研究机构、媒体等组织的各类交流活动，紧跟国际国内社会责任发展趋势，推动社会责任相关指南、标准在中国企业的实施，贡献社会责任发展。
> ——《中国联通 2013 年社会责任报告》（P17）

| 扩展指标 | G6.3 参加国内外社会责任标准的制定

指标解读：企业参加国内外社会责任标准的制定，一方面促进了自身社会责任相关议题的深入研究，另一方面也提升了社会责任标准的科学性、专业性。

| 核心指标 | G6.4 通过培训等手段培育负责任的企业文化

指标解读：企业通过组织、实施社会责任培训计划，提升员工的社会责任理念，使员工成为社会责任理念的传播者和实践者。

> **示例：**
>
> 集团公司编写"企业社会责任课件"，制作成电脑版和手机版两个版本，在全集团开展"企业社会责任"学习活动，普及企业社会责任知识；派出13名省公司的社会责任工作骨干参加中国社科院经济学部企业社会责任研究中心组织的《分享责任——中国企业社会责任公益讲堂》培训。
>
> ——《中国联通2013年社会责任报告》(P20)

三、市场绩效（M系列）

市场绩效描述企业在市场经济中负责任的行为。企业的市场绩效责任分为对自身健康发展的经济责任和对市场上其他利益相关方（主要是客户和商业伙伴）的经济责任。

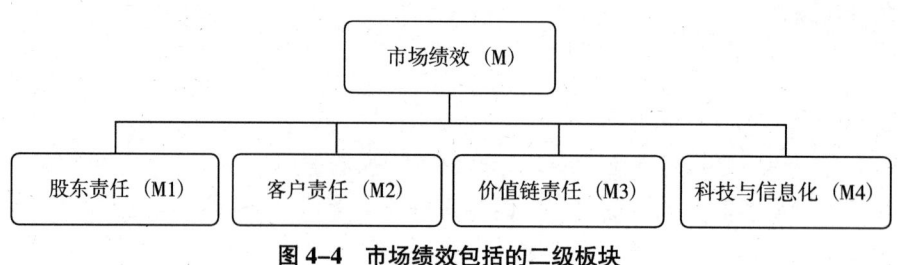

图4-4 市场绩效包括的二级板块

（一）股东责任（M1）

股东责任主要包括股东权益保障机制与资产保值增值两个方面，其中股东权益保障机制用股东参与企业治理的政策和机制、保护中小投资者利益和规范信息披露进行表现，资产保值增值用资产的成长性、收益性和安全性三个指标进行表现。

核心指标　M1.1 股东参与企业治理的政策和机制

指标解读：该指标主要描述股东参与企业治理的政策和机制，这些政策和机制包括但不限于股东大会、临时性股东大会等。

> 示例：
> 集团及上市公司股东大会、董事会、监事会的召集、召开、表决等程序严格遵循有关法律法规及公司制度规定，确保股东权益的正常行使，小股东利益得到合法保护。
> ——《中国联通2013年社会责任报告》(P7)

核心指标　M1.2 保护中小投资者利益

指标解读：该指标主要内容包括保证中小股东的知情权、席位、话语权以及自由转让股份权、异议小股东的退股权等。

> 示例：
> 股东大会的召集、召开、表决等程序严格遵循有关法律法规及公司内部规定，确保全体股东，特别是中小股东享有平等地位，确保所有股东能按其持有的股份享有并充分行使自己的权利。
> ——《中国联通2011年社会责任报告》(P7)

核心指标　M1.3 规范信息披露

指标解读：及时准确地向股东披露企业信息是履行股东责任不可或缺的重要环节，这些信息包括企业的重大经营决策、财务绩效和企业从事的社会实践活动。

企业应根据《公司法》通过财务报表、公司报告等向股东提供信息。上市公司应根据《上市公司信息披露管理办法》向股东报告信息。

> 示例：
> 中国联通严格履行上市公司监管地有关信息披露的法律法规要求，真

实、准确、完整、及时地履行信息披露义务，并确保所有股东平等地获取信息。

——《中国联通2011年社会责任报告》(P8)

核心指标　M1.4 成长性

指标解读：该指标即报告期内营业收入及增长率等与企业成长性相关的其他指标。

示例：

2012年，中国移动加快战略转型和改革创新步伐，在巩固传统市场优势的前提下，积极推动流量经营，努力拓展移动互联网、物联网新服务，保持了经济绩效的稳定增长。

保持客户规模优势：客户总数达到7.10亿户，较上年增长9.3%（中国移动有限公司口径数据）；

实现收入稳中有增：营运收入达到6112亿元，较上年增长8.0%；

流量业务高速增长：无线上网业务收入达到683亿元，较上年增长53.6%（中国移动有限公司口径数据）；

移动互联网发展步伐加快：移动应用商场累计注册客户数达到2.7亿户，全年应用下载量达到6.1亿次（中国移动有限公司口径数据）。

——《中国移动2012年可持续发展报告》(P11)

核心指标　M1.5 收益性

指标解读：该指标即报告期内的净利润增长率、净资产收益率和每股收益等与企业经营收益相关的其他指标。

示例：

全力推进规模效益发展，实现利润总额同比增长54.9%。

——《中国联通2013年社会责任报告》(P22)

第四章 报告指标详解

核心指标　M1.6 安全性

指标解读： 该指标即报告期内的资产负债率等与企业财务安全相关的其他指标。

示例：

指　标	2011 年	2012 年	2013 年
资产负债率（%）	33.5	33.2	32.1

——《中国电信2013 年社会责任报告》（P2）

（二）客户责任（M2）

客户责任板块主要描述企业对客户的责任，包括保护客户基本权益，保障通信质量，科技创新与信息应用，提供良好服务以及提升客户满意度等内容。

核心指标　M2.1 客户关系管理体系

指标解读： 客户关系管理体系是指以客户为中心，覆盖客户期望识别、客户需求回应以及客户意见反馈和改进的管理体系。

核心指标　M2.2 消费者产品和服务知识普及

指标解读： 该指标主要指对客户进行产品和服务知识宣传、普及的活动。

示例：

微博客服还通过原创微博信息发布，进行客户服务指引和相关业务知识、客户维权信息普及。

——《中国联通 2012 年社会责任报告》（P32）

核心指标　M2.3 保护客户信息安全与隐私的制度与措施

指标解读： 该指标主要描述企业保护客户信息安全的理念、制度、措施及绩效。企业不应以强迫或欺骗的方式获得任何有关客户及消费者个人隐私的信息；除法律或政府强制性要求外，企业在未得到客户及消费者许可之前，不得把已获得的客户及消费者私人信息提供给第三方（包括企业或个人）。

示例：

随着信息技术的广泛应用和互联网的不断普及，个人隐私被非法泄露和使用的风险日益升高，社会秩序和公众利益面临威胁。中国移动严格实施客户服务"五条禁令"，采取多种措施保护客户信息安全，帮助客户安心使用各项服务。面对严峻的互联网网络安全形势，2013年公司未发生重大客户信息泄露事件。

——《中国移动2013年可持续发展报告》(P21)

核心指标 **M2.4 保护客户消费服务知情权的制度与措施**

指标解读： 该指标是指尊重客户的知情权，为客户提供产品、资费、服务内容、时间期限、促销等相关信息。

示例：

电信业务不知情定制及扣费严重侵犯客户利益，为消费者诟病已久。中国移动在2013年对服务流程进行了重点完善，建立了涵盖客户入网、业务订购、使用、扣费等关键环节的全流程透明消费服务体系，保障客户知情权和选择权。截至2013年底，业务不知情定制问题投诉量较2013年5月纠风工作前下降30%，其中无线音乐、手机阅读等业务下降最为明显，超过40%。

——《中国移动2013年可持续发展报告》(P20)

核心指标 **M2.5 广告宣传合规**

指标解读： 该指标主要指企业的广告宣传应该符合国家法律法规要求，应当真实、合法，不得含有虚假的内容，不得欺骗和误导消费者。

核心指标 **M2.6 提供多样化的客户服务渠道**

指标解读： 该指标主要指为客户提供多种服务渠道，方便客户快速获得便捷的服务，包括网上营业厅、短信营业厅、WAP营业厅、客户端营业厅、自助终端及微信等形式。

服务渠道是促使服务产品顺利到达客户手中，且被使用或消费的相互依赖、相互协调的系统性组织。

> **示例：**
> 中国移动为客户提供多样化的沟通渠道，包括实体营业厅、10086客户服务热线、邮箱、短信、网站等，接受客户意见反馈与投诉，改善服务质量。在热线服务方面，公司邀请客户直接参与设计，对10086热线自助服务流程进一步优化。2013年7月新自助服务流程上线后，客户感知有了显著改善。
>
> ——《中国移动2013年可持续发展报告》(P24)

核心指标　M2.7 推进产品和服务创新的制度与措施

指标解读：该指标主要指在企业内部建立鼓励产品和服务创新的制度与措施，形成鼓励创新的文化。

> **示例：**
> 为了适应客户对互联网服务快速增长的需求，中国电信不断提升互联网服务能力。2013年成立集团客服运营支撑中心，集中运营管理国际漫游、智能机、越级投诉热线等服务，支撑手机终端服务，支撑行业信息化应用、新媒体客服、转售业务的服务，为客户提供语音、即时通信、微博、电子邮件等多渠道的接入服务。
>
> ——《中国电信2013年社会责任报告》(P37)

扩展指标　M2.8 产品用户体验评估与调查

指标解读：该指标指在客户中开展产品的用户体验评估与调查，以了解产品的真实效果。

用户体验（User Experience，UX或UE）是用户使用产品（包括物质产品和非物质产品）或者享用服务的过程中建立起来的心理感受，以可用性（Usability）和"以用户为中心的设计"（User-Centered Design，UCD）为基础。

核心指标　M2.9 保障网络服务质量的制度与措施

指标解读：该指标指保障网络服务质量达到指标要求而采取的制度和措施，其中包括移动通信网络、固定通信网络及宽带网络。包括但不限于以下内容：

● 防止数据传输中的差错和丢失；

- 降低网络拥塞;
- 减少交换节点和物理线路故障。

> **示例:**
> 面对网络覆盖广、深度覆盖难度大、网络构成相对复杂等众多挑战,中国移动2013年继续深入实施四网协同战略,对网络实施有针对性的建设及优化,努力改善客户的整体服务感知。
> ——《中国移动2013年可持续发展报告》(P19)

核心指标 M2.10 网络建设及升级投入

指标解读:该指标指在网络的建设及升级中,企业在资金、人力等方面的投入。

> **示例:**
> 3G网络建设以提升3G客户体验、满足容量刚性需求为目标,全年总投资244.4亿元,以完善县级以上城区3G网络覆盖为重点,快速提升乡镇覆盖水平。全年新建3G基站7.6万个,达到40.7万个;新增载扇38.7万个,达到148万个。室内外网络统筹规划、协调建设,新增楼宇室内覆盖超过1万栋,新增小区深度覆盖超过2万栋,乡镇覆盖率由年初的75%提升到96%。
> ——《中国联通2013年社会责任报告》(P25)

核心指标 M2.11 网络覆盖率

指标解读:该指标指达到一定通信质量指标的网络覆盖地区占区域的比例。该指标可按照不同区域范围分别进行统计。

> **示例:**
>
> | 指　标 | 2011年 | 2012年 | 2013年 |
> | --- | --- | --- | --- |
> | 3G网络乡镇覆盖率(%) | 33 | 75 | 96 |
> | 北方十省行政村宽带覆盖率(%) | 93 | 93 | 93 |
> | 城市20M以上带宽覆盖率(%) | — | 53 | 63 |
> | 农村4M以上带宽覆盖率(%) | — | 65 | 76 |
>
> ——《中国联通2013年社会责任报告》(P68)

第四章 报告指标详解

核心指标 M2.12 通信网络接通率

指标解读：网络接通率指用户应答、被叫用户忙、被叫用户不应答、用户不可及（包括被叫不在服务区、被叫呼入限制、终端非正常断电、关机）的次数与总有效呼叫次数之比。

接通率＝接通总次数/试呼总次数×100%

示例：

指　标	2011 年	2012 年	2013 年
GSM 网全程呼叫成功率[注]（%）	99.26	99.26	99.12
3G 网全程呼叫成功率（%）	98.99	98.90	98.53

注：全程呼叫成功率为测试数据。

——《中国移动 2013 年可持续发展报告》（P53）

核心指标 M2.13 通信网络掉话率

指标解读：通信掉话率指在用户使用通信业务过程中，出现既没有声音也没有图像的概率。

示例：

指　标	2011 年	2012 年	2013 年
GSM 网掉话率[注]（%）	0.70	0.48	0.43
3G 网掉话率（%）	0.42	0.29	0.21

注：掉话率为网管系统提取全年平均数据。

——《中国移动 2013 年可持续发展报告》（P53）

核心指标 M2.14 国际漫游业务覆盖范围

指标解读：该指标是指国际漫游业务在其他国家和地区的开通范围。

国际漫游是指移动电话用户在离开本国归属网络时，仍可以在其他国家和地区的其他网络继续使用移动电话进行通信。

示例：

指　标	2011年	2012年	2013年
GSM漫游通达国家及地区数（个）	237	237	242
GPRS漫游通达国家及地区数（个）	187	188	197

——《中国移动2013年可持续发展报告》（P53）

核心指标　M2.15 宽带互联网用户数及市场份额

指标解读：该指标指企业宽带互联网的用户数量，及其在全部宽带互联网用户中所占比例。

示例：

指　标	2011年	2012年	2013年
宽带接入用户数（万户）	5068.5	5854.0	6464.7

——《中国联通2013年社会责任报告》（P68）

核心指标　M2.16 确保通信安全的制度与措施

指标解读：该指标主要指企业为保证通信安全所制定的制度与措施。信息安全通常是指信息在采集、传递、存储和应用等过程中的完整性、机密性、可用性、可控性和不可否认性。该指标主要包括但不限于以下内容：

● 防范网络攻击；

● 防止安全漏洞并提出安全对策；

● 信息安全保密；

● 系统内部安全防范；

● 防止病毒；

● 数据备份与恢复；

● 防范自然灾害对通信网络的破坏。

示例：
　　面对公众事件与自然灾害，中国移动构建起集团、大区、省、地市四级的应急保障机制，即在集团应急通信领导小组领导下，根据地域、交通、灾害类型等特点，将全国划分为6个大区，建立区域协同保障机制，在各省成立应急通信局并在地市公司设立应急通信管理岗位，初步建立了网络保障、服务保障、物资保障和后勤保障等工作的协同机制。

——《中国移动2012年可持续发展报告》(P18)

核心指标　M2.17 垃圾短信治理措施及治理量

指标解读：该指标指企业为减少向客户发送垃圾短信而所采取的治理措施，及所取得的成效。

垃圾短信是指未经用户同意向用户发送的用户不愿意收到的短信息，或用户不能根据自己的意愿拒绝接收的短信息，主要包含以下属性：①未经用户同意向用户发送的商业类、广告类等短信息；②其他违反行业自律性规范的短信息。

示例：

2013年，公司开展垃圾短信治理专项检查，成立领导小组，由内审部牵头，累计抽调相关专业130余人，投入超过2700人天，在全集团范围内开展垃圾短信治理专项检查。自2013年9月以来，全国垃圾短信投诉保持持续下降趋势，10~11月期间下降显著。

——《中国移动2013年可持续发展报告》(P22)

核心指标　M2.18 手机恶意软件治理措施及治理量

指标解读：该指标指企业监测、封堵手机恶意软件所采取的治理措施及所取得的成效。

手机恶意软件是指在用户不完全知情和认可（它包括未经用户许可、强迫引导用户许可或隐瞒关键信息等）的情况下强行安装到用户手机中，或者一旦安装就无法正常卸载和删除，但又具备一定正常功能的软件程序。

示例：

随着移动互联网发展和智能终端普及，手机恶意软件呈快速增长态势。公司进一步完善综合防治体系，采取多种措施加大治理力度。截至2013年底，公司累计监测发现手机恶意软件7.5万余种，封堵处置恶意控制端近

3467个，发布客户预警信息24期，查处恶意软件违规合作伙伴87家。凭借在移动互联网恶意软件治理方面的成效，公司被中国互联网协会反网络病毒联盟授予优秀贡献奖，是获奖企业中唯一的运营商代表。

——《中国移动2013年可持续发展报告》(P22)

核心指标 M2.19 防治电话诈骗的措施及成效

指标解读：该指标指企业为减少通过电话开展诈骗的情况所采取的治理措施，及所取得的成效。

示例：

2013年9月，一种被称为"伪基站"的设备引起了社会的广泛关注。该设备能搜取附近手机信息，强制连接用户手机信号，并任意冒用手机或公用号码，强行发送垃圾广告或诈骗信息。为此，中国移动多家省公司配合当地执法部门对伪基站进行重点打击，配合破获了多起短信诈骗案件。

此外，公司开展对"保密电话"等改号软件的清查封堵工作，督促八家主要应用商店下架了多款同类软件；与其他运营商实施联合封堵，形成长效联动处理机制；配合执法部门建立电信欺诈的核查、沟通机制。

——《中国移动2013年可持续发展报告》(P22)

核心指标 M2.20 净化宽带网络及移动网络环境的政策或措施

指标解读：该指标主要指企业防范网络色情、赌博等信息的传播，为客户提供良好的网络环境。

示例：

依据国家相关法律法规与监管要求，2013年，公司开展网络淫秽色情信息专项治理"净网"行动，拨测疑似淫秽色情网站108万余个，监测封堵淫秽色情网站四万余个。自2009年开展手机淫秽色情网站治理以来，已累计封堵淫秽色情域名87万余个。

——《中国移动2013年可持续发展报告》(P22)

核心指标　M2.21 网络安全宣传教育措施及成效

指标解读：网络安全是指为防止通信网络阻塞、中断、瘫痪或者被非法控制，以及为防止通信网络中传输、存储、处理的数据信息丢失、泄露或者被篡改。

> **示例：**
> 公司不断强化员工信息安全意识，年度开展客户信息安全和隐私保护相关培训共计39万余人次。
>
> ——《中国移动2013年可持续发展报告》（P53）

核心指标　M2.22 保障儿童、青少年上网安全的制度与措施

指标解读：该指标主要指企业为儿童、青少年上网提供良好的网络环境，减少儿童、青少年因上网而产生的信息泄露、诈骗、诱拐等事件的发生，降低不良信息对儿童、青少年的影响。

> **示例：**
> 中华电信自我要求业务的拓展，是架构在安全健康的社会使命上。儿童青少年随着成长使用网络接收信息，在网络世界学习与生活，也是我们关注的重点。为了在信息接触越来越便利的生活中，让经常与网络生活在一起的儿童，能够有安全的上网环境，我们推出时间管理与色情网站把关的机制，让家长可以借由科技来管理儿童使用的信息，让我们的下一代少一份网络的伤害，多更多网络安全的保护。
>
> HiNet色情守门员可以让学子上网受到更多保护，并推出学生优惠方案，凡家中有专科及高中职以下的学生，皆可享有此优惠。除此之外，针对弱势族群及低收入户，我们提供第一年免费优惠，让孩子上网可受到HiNet色情守门员的保护，远离色情、暴力、自杀、武器、赌博、毒品等有害网站，健康安全地长大。2012年，我们参与新北市主办之儿童月活动"儿童安全动体验"，倡导儿童健康上网，运用问卷、游戏等互动，让大人小孩都能体认健康上网的重要性。
>
> ——《中华电信2012年企业社会责任报告书》（P39）

核心指标 M2.23 确保应急网络通信的制度与措施

指标解读： 该指标指企业为确保通信网络不受或减少自然灾害、人为原因的影响而采取的制度与措施。

示例：

在应急通信保障方面，公司持续落实各地应急通信保障职责与人员、装备配置，完善应急预案与演练机制，提高信息化指挥能力及应急通信协作能力，加强集团、大区、省、地市四级应急通信保障体系的统合效用。

——《中国移动2013年可持续发展报告》(P19)

核心指标 M2.24 全年累计完成应急通信保障次数

指标解读： 该指标指企业全年完成应急通信网络保障的次数。

示例：

指标名称	2011年	2012年	2013年
应急通信保障总次数（次）	4671	5167	4005
重要政治经济事件保障（次）	4028	4218	3416
重大自然灾害类保障（次）	223	706	491
重要事故灾难类保障（次）	224	205	85
公共卫生事件类保障（次）	48	8	2
社会安全事件类保障（次）	148	30	11

——《中国移动2013年可持续发展报告》(P52)

核心指标 M2.25 全年出动应急通信保障人次

指标解读： 该指标指企业全年为保障应急通信网络而出动的人次

示例：

指标名称	2011年	2012年	2013年
动用人员（人次）	320866	330515	465443

——《中国移动2013年可持续发展报告》(P52)

核心指标 M2.26 特殊人群（老人、残疾人、儿童等）通信服务的制度与措施

指标解读：该指标主要指企业确保为特殊客户群体（例如老人、残疾人、儿童等）提供通信服务所采取的制度与措施。

> **示例：**
>
> 中国移动致力于提高老年人、少数民族、残障人士等特殊群体对通信服务的可获得性，主动降低信息服务使用门槛，以合适的服务方式，帮助他们平等地享受信息技术所带来的便利。
>
> ——《中国移动2013年可持续发展报告》（P43）

核心指标 M2.27 针对低收入者的产品和服务

指标解读：该指标主要指企业为低收入者提供可获得、可承担的产品和服务，是企业提供普遍服务的重要方面。

> **示例：**
>
> 公司面向农村外出务工人员提供"两城一家"资费优惠，面向学生群体提供"非常假期"套餐，降低客户的漫游与通话费用。为残障人士提供助残"关爱通"卡，降低资费，并为持卡客户提供通话补贴。
>
> ——《中国移动2013年可持续发展报告》（P43）
>
> **为弱势群体提供价格补贴**
>
> 单位：百万韩元
>
> | | 2011年 | 2012年 | 2013年 |
> |---|---|---|---|
> | 残疾人 | 148811 | 145057 | 138443 |
> | 低收入家庭 | 64825 | 62503 | 62891 |
> | 国家荣誉获得者 | 9589 | 9960 | 10105 |
> | 其他弱势群体 | 232 | 199 | 178 |
> | 总量 | 223457 | 217719 | 211617 |
>
> ——《韩国SK电信2013年可持续发展报告》

核心指标 M2.28 促进农村和边远地区通信发展的制度与措施

指标解读：该指标主要指企业为减小区位之间的数字鸿沟，为农村和边远地

区所提供可获得、可承担的产品和服务,是企业提供普遍服务的重要方面。

> **示例:**
>
> 中国联通大力实施村通工程,投资 7.1 亿元用于工程建设,其中自然村通电话工程 2 亿元,行政村通宽带工程 5 亿元,学校通宽带投资 425 万元。截至年底,顺利完成河北、山西、内蒙古等 9 省区分公司的行政村通宽带 2551 个,自然村通电话 400 个,学校通宽带 770 个,有力地促进了农村经济发展,提升了当地信息化水平。
>
> ——《中国联通 2013 年社会责任报告》(P31)

核心指标 M2.29 农村和边远地区网络覆盖数量

指标解读:该指标指企业网络在农村和边远地区的覆盖数量,包括移动通信网络、固定通信网络、宽带及无线热点等。

> **示例:**
>
> | 指标名称 | 2011 年 | 2012 年 | 2013 年 |
> |---|---|---|---|
> | 累计覆盖边远村庄数(个) | 100474 | 111107 | 118236 |
> | 累计通宽带行政村数(个) | 4031 | 11213 | 20544 |
> | 累计通电话自然村数(个) | 54897 | 65530 | 72659 |
> | 累计通宽带农村学校数(个) | — | — | 1767 |
>
> ——《中国移动 2013 年可持续发展报告》(P49)

核心指标 M2.30 农村和边远地区网络接通率

指标解读:该指标主要指在农村和边远地区的通信用户的网络接通率。

网络接通率指用户应答、被叫用户忙、被叫用户不应答、用户不可及(包括被叫不在服务区、被叫呼入限制、终端非正常断电、关机)的次数与总有效呼叫次数之比。

核心指标 M2.31 农村和边远地区网络掉话率

指标解读:该指标主要指在农村和边远地区的通信用户的网络掉话率。

通信掉话率指在用户使用通信业务过程中,出现既没有声音也没有图像的概率。

核心指标 M2.32 确保少数民族地区特色通信产品与服务的制度与措施

指标解读：该指标主要指企业为少数民族地区用户提供符合民族语言、文化、习俗的产品与服务的制度与措施。

示例：

公司充分尊重并考虑少数民族客户需求，建立蒙语、维语、藏语服务专席；与媒体合作，面向新疆和西藏地区少数民族客户发送维语、藏语"新闻早晚报"，方便客户阅读，解决了当地客户分布偏远、信息获取滞后的问题。

——《中国移动 2013 年可持续发展报告》(P43)

扩展指标 M2.33 百万客户申诉率（件）

指标解读：该指标指在一百万客户中产生的申诉数量或者比例。

示例：

指标名称	2011 年	2012 年	2013 年
百万客户申诉率（件）	40.2	31.2	32.3

——《中国移动 2013 年可持续发展报告》(P53)

核心指标 M2.34 客户投诉解决方案及客户投诉解决率

指标解读：该指标主要指建立完善的投诉处理系统和流程，保证投诉解决的流程化、制度化，提高解决效率和质量。

客户投诉解决率＝客户投诉解决数量/客户投诉总数×100%

示例：

福建联通开展"三个 100%"限时承诺服务，要求 100% 接单、100% 限时处理、100% 限时回复结果。即所有涉及网络的投诉全部接单、所有涉及网络的投诉全部限时处理、所有涉及网络的投诉全部回复处理结果。

——《中国联通 2013 年社会责任报告》(P44)

核心指标 M2.35 客户满意度调查及客户满意度

指标解读：企业开展客户满意度调查能够帮助企业发现客户对产品与服务的

体验感受，以及产品与服务中存在的不足，有助于企业进一步提升产品与服务的品质。

> **示例：**
>
> 公司满意度调查针对全网客户，每年平均覆盖全国客户样本30万份以上，调查结果用于年度省公司经营业绩考核和客户满意度关键要素提升。2013年公司全网整体满意度为77.75%，较年初提升0.25个百分点。
>
> ——《中国移动2013年可持续发展报告》(P53)

（三）价值链责任（M3）

企业的价值链主要有债权人、上游供应商、下游分销商、同业竞争者及其他社会团体等。伙伴责任主要包括企业在促进产业发展、促进价值链履责、开展责任采购三个方面的理念、制度、措施、绩效及典型案例。

<u>核心指标</u>　**M3.1 战略共享机制及平台**

指标解读： 该指标主要描述企业与合作伙伴（商业和非商业的）建立的战略共享机制及平台，包括但不限于以下内容：

- 长期的战略合作协议；
- 共享的实验基地；
- 共享的数据库；
- 稳定的沟通交流平台等。

> **示例：**
>
> 中国联通积极发挥运营服务优势，建立合作共赢的战略共享机制和平台，联合上下游产业链核心企业，实现全产业链的协同创新发展。2013年，中国联通与19个行业龙头建立了战略合作关系，先后与河北省政府、中国普天集团、建设银行、商务部、中国邮政集团、沈阳军区、吉林省政府、读者出版传媒集团、江西省政府等单位签署了战略合作协议，全国性战略合作伙伴达到131个。
>
> ——《中国联通2013年社会责任报告》(P51)

|核心指标| M3.2 诚信经营的理念与制度保障

指标解读：该指标主要描述确保企业对客户、供应商、经销商以及其他商业伙伴诚信的理念、制度和措施。

> **示例：**
>
> 中国联通大力推进依法治企，坚持法制教育与法治实践、法律管理与经营管理相融合，努力实现诚信经营、科学发展。在国资委对中央企业落实法制工作第三个三年目标第一年度进展情况考评中获得 A 级评价。
>
> ——《中国联通 2013 年社会责任报告》(P23)

|核心指标| M3.3 公平竞争的理念及制度保障

指标解读：公平竞争主要指企业在经营过程中遵守国家有关法律法规，遵守行业规范和商业道德，自觉维护市场秩序，不采取阻碍互联互通、掠夺性定价、垄断渠道资源、不正当交叉补贴、诋毁同业者等不正当竞争手段。

> **示例：**
>
> 对于营销活动密集、易引发不规范竞争问题的校园或节日营销等时点，公司高度重视全程规范管理。如在校园营销中，公司要求从建立各项机制着手，建立全面有效的规范校园市场秩序的工作保障机制，组织专题会议引导省公司理性竞争，未出现影响范围广或持续时间长的特别事件。
>
> 2013 年，公司未收到因为反竞争行为而提起的法律诉讼。
>
> ——《中国移动 2013 年可持续发展报告》(P53)

|核心指标| M3.4 经济合同履约率（%）

指标解读：该指标主要反映企业的管理水平和信用水平。

经济合同履约率 = 截至考核期末实际履行合同份数/考核期应履行合同总份数×100%

|扩展指标| M3.5 识别并描述企业的价值链及责任影响

指标解读：识别企业的价值链是管理企业社会责任影响的基础。企业应识别其价值链上的合作伙伴及企业对价值链伙伴的影响。

扩展指标 M3.6 企业在促进价值链履行社会责任方面的倡议和政策

指标解读： 企业应利用其在价值链中的影响力，发挥自身优势，与价值链合作伙伴共同制定社会责任倡议和相关行业社会责任发展建议。

> **示例：**
> 中国联通积极推进绿色采购，完善绿色采购制度。在设备采购技术规范书中明确规定设备能耗标准和节能功能要求，将设备的能耗、节能产品认证、辐射指标等作为重要采购指标进行评价，并加大评价权重。在技术、服务等指标满足采购需求的前提下，优先采购节能产品。
> ——《中国联通 2012 年社会责任报告》（P46）

核心指标 M3.7 责任采购的制度及（或）方针

指标解读： 一般情况下，公司负责任采购程度由低到高可分为以下三个层次：

● 严格采购符合质量、环保、劳工标准，合规经营的公司的产品或（及）服务；

● 对供应商进行社会责任评估和调查；

● 通过培训等措施提升供应商履行社会责任的能力。

> **示例：**
> 公司将严格的履责要求融入采购及合作伙伴关系管理，通过制度及规范向合作伙伴明确履责要求，并开始探索在认证、核查中引入环境、劳工、人权、社会等评估要素，与合作伙伴共同提升履责表现。
> ——《中国移动 2013 年可持续发展报告》（P16）

扩展指标 M3.8 供应商社会责任评估和调查的程序和频率

指标解读： 一般情况下，对供应商进行社会责任审查分为企业自检或委托第三方机构对供应商履行社会责任情况进行审查。

> **示例：**
> 2012 年我们对供货商的稽核，仅针对线路和土木等工程类供应商，全

年共执行 86 家厂商的稽核工作。通过现场稽核的方式（事先宣布与未宣布），访问管理阶层与员工，掌握施工质量，稽核次数计 210 次。2012 年起，采购金额 500 万元以上的供货商需同意遵循《中华电信供货商社会责任准则》与《促进供货商落实社会责任作业要点》，并执行供货商 CSR 现况问卷调查，以便我们掌握供货商的永续性风险。

——《中华电信 2012 年企业社会责任报告书》(P16)

核心指标 M3.9 供应商通过质量、环境和职业健康安全管理体系认证的比率

指标解读：供应商通过质量、环境和职业健康安全管理体系认证可从侧面（或部分）反映供应商的社会责任管理水平。

扩展指标 M3.10 供应商受到经济、社会或环境方面处罚的个数/次数

指标解读：该指标主要指企业供应商中在经济、社会或环境方面受到政府处罚的个数以及严重程度。

示例：

加大增值业务规范性要求，针对用户投诉及申诉中重点反映的不规范定制问题，依据投诉和申诉程度进行处罚，2012 年 11 月至今累计处罚 1760 商家次。同时，针对增值业务重点投诉方面加大拨测力度，覆盖所有的合作伙伴和业务，发现异常业务 781 项，对 30 余家供应商 200 余项业务提出整改要求，清退 16 家供应商 38 项业务和 9 家供应商的短彩信业务。

——《中国联通 2013 年社会责任报告》(P52)

扩展指标 M3.11 协助供应商在经济、社会或环境方面绩效改进的措施及成效

指标解读：该指标主要指企业协助供应商改进其在经济、社会和环境方面绩效而采取的措施及取得的成效。

示例：

公司积极倡导并参与节能环保，鼓励、引领合作伙伴开发环境友好的技

术和产品,与合作伙伴共同探索节能方案,推进绿色合作。

公司自2009年起制定了通信设备节能分级标准,并将其应用于设备选型、入网测试、网络规划、工程设计、网络管理和维护等环节,持续推动和引领设备制造商优化结构、提高设备集成度、提升节能水平。

——《中国移动2013年可持续发展报告》(P17)

扩展指标 M3.12 带动价值链相关产业发展的理念与措施

指标解读:该指标主要指企业在带动价值链内相关产业共同发展的理念与措施。电信服务业的价值链长、涉及产业众多,并且具有科技含量高、带动效果好的特点,因此带动价值链相关产业发展能够带来巨大的社会、经济效益。

示例:

面向价值链,中国移动以开放的心态、公平的机制,与合作伙伴建立友好、互利的合作关系,力促产业链多方共赢,带动产业创新发展。

自2009年获颁TD-SCDMA(简称TD)第三代移动通信业务经营牌照以来,公司全力建设覆盖全国的TD网络基础设施,推动中国自主研发的TD技术标准不断成熟,并积极带动终端、芯片等TD产业链相关环节快速发展,不仅实现了TD客户数"三分天下有其一"的目标,更在此过程中创造并分享了数以千亿计的产业价值。

——《中国移动2013年可持续发展报告》(P13)

(四)科技与信息化(M4)

核心指标 M4.1 推动通信技术研发的制度或措施

指标解读:该指标主要指企业保障推动通信技术发展的制度以及措施。

示例:

公司优化研发布局,在现有研究院和设计院基础上,启动苏州、杭州研发中心的筹建工作;提出"共享式"分层产品开发体系和研发成果货架式管理模式,确保核心产品开发能力自主掌控。在TD-LTE、物联网、移动互联网、OTT应用、5G等关键技术领域加大研发力度，有效带动了相关技术及产业的快速发展。

——《中国移动2013年可持续发展报告》（P10）

核心指标　M4.2 科技或研发投入

指标解读：该指标主要指在报告期内企业在科技或研发方面投入的资金总额。

示例：

指标	2011年	2012年	2013年
研发投入（亿元）	42.4	61.1	56.5
研发投入占总收入比（%）	1.5	1.8	1.5

——《中国电信2013年社会责任报告》（P30）

扩展指标　M4.3 科技工作人员数量及比例

指标解读：科技工作人员指企业直接从事（或参与）科技活动，以及专门从事科技活动管理和为科技活动提供直接服务的人员。累计从事科技活动的时间占制度工作时间50%（不含）以下的人员不统计。

示例：

科技活动人员数量（人）	3169	3224	3366

——《中国联通2013年社会责任报告》（P68）

扩展指标　M4.4 新增专利数

指标解读：该指标主要包括报告期内企业新增专利申请数和新增专利授权数。

示例：

2013年提交国家专利申请1192件，新获专利授权510件。

——《中国移动2013年可持续发展报告》（P10）

[扩展指标] M4.5 重大创新奖项

指标解读：该指标主要指报告期内企业获得的关于产品和服务创新的重大奖项。

示例：
由公司自主研发并完成的"移动互联网业务数据平台与分析监测系统"获得 2013 年国家科技进步奖二等奖，也是电信运营业唯一的国家科技进步奖项目。

——《中国联通 2013 年社会责任报告》(P26)

[扩展指标] M4.6 支持信息化的措施及成效（包括企业、行业、政务、生活等领域）

指标解读：该指标主要指电信服务业支持信息技术在各个领域的应用措施以及取得的成效。

信息化是指以现代通信、网络、数据库技术为基础，对所研究对象各要素汇总至数据库，供特定人群生活、工作、学习、辅助决策等与人类息息相关的各种行为相结合的一种技术。

示例：
2013 年，中国联通全力打造智慧城市云平台，统一承载、运营、孵化各类行业应用系统，规划城市管理、销售管理、地方电子政务、视频监控、媒体发布、营运车辆及小流量数据监测 7 个行业应用聚类业务。中国联通智慧城市云平台采用一级架构、统一标准、集团建设、分省接入的模式，通过统一规划，既有效避免系统重复建设，又灵活分配基础资源，加快应用投入运营。

——《中国联通 2013 年社会责任报告》(P36)

四、社会绩效（S 系列）

社会绩效主要描述企业对社会责任的承担和贡献，包括政府责任、员工责任与社区责任三个方面的内容。

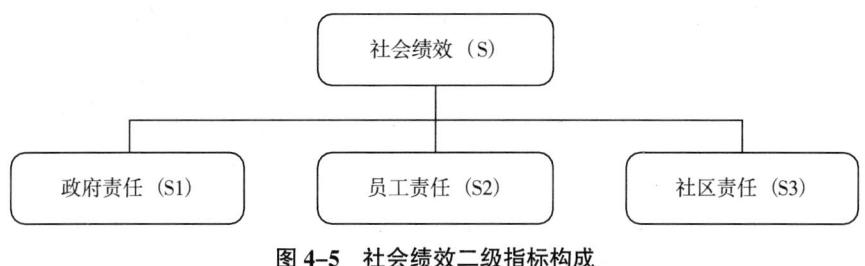

图 4-5 社会绩效二级指标构成

（一）政府责任（S1）

政府责任主要包括守法合规、政策响应、税收贡献以及带动就业等方面。

核心指标 S1.1 企业守法合规体系

指标解读：该指标中主要描述企业的法律合规体系，包括守法合规理念、组织体系建设、制度建设等。

合规（Compliance）通常包含以下两层含义：①遵守法律法规及监管规定；②遵守企业伦理和内部规章以及社会规范、诚信和道德行为准则等。"合规"首先应做到"守法"，"守法"是"合规"的基础。

> **示例：**
> 中国电信坚持诚信经营，在行业监管、审计监督、防治腐败等方面构建横向到边、纵向到底的守法合规体系，持续开展监督检查，完善相关制度。
> ——《中国电信 2013 年社会责任报告》（P21）

核心指标 S1.2 守法合规培训

指标解读：该指标主要描述企业组织的守法合规培训活动，包括法律意识培训、行为合规培训、反腐败培训、反商业贿赂培训等。

> **示例：**
>
> 公司坚持把廉洁教育作为管理人员培训必修课，并利用电子期刊、短/彩信、动漫、微博、微信、情景短剧、公益广告、口袋书等丰富载体开展反腐倡廉教育。2013年，公司共开展反腐倡廉教育活动3908场次，共有428146人次参与；组织八项规定教育活动1629场次，共有112187人次参与。
>
> ——《中国移动2013年可持续发展报告》（P11）

核心指标　S1.3 禁止商业贿赂和商业腐败

指标解读： 该指标主要描述企业在反腐败和反商业贿赂方面的制度和措施等。

商业贿赂行为是不正当竞争行为的一种，是指经营者为销售或购买商品而采用财物或者其他手段贿赂对方单位或者个人的行为。

商业腐败按对象可以划分为两种类型：一种是企业普通经营活动中的行贿受贿行为，即通常意义上的商业贿赂；另一种是经营主体为了赢得政府的交易机会或者是获得某种经营上的垄断特权而向政府官员提供贿赂。

> **示例：**
>
> 中国联通一贯自觉维护电信市场竞争秩序，守法经营，严格自律，不打价格战，提倡共同做大做强电信行业，努力推动电信行业可持续发展。
>
> 一是落实电信市场监管政策，建立集团、省、地市三级监管政策执行监督机制。二是严格遵守国家和地方政府颁布的法律、法规、规章等规范性文件，守法经营、严格自律。三是开展反不正当竞争工作，积极防范和遏制市场不规范竞争行为，维护企业利益，促进电信市场健康有序发展。
>
> ——《中国联通2013年社会责任报告》（P25）

扩展指标　S1.4 企业守法合规审核绩效

指标解读： 该指标包括企业规章制度的法律审核率、企业经济合同的法律审核率和企业重要经营决策的法律审核率。

核心指标 S1.5 纳税总额

指标解读： 依法纳税是纳税人的基本义务。

示例：

指标名称	2011年	2012年	2013年
纳税额（10亿元）	62.1	73.9	87.9

——《中国移动2013年可持续发展报告》(P48)

核心指标 S1.6 响应国家政策

指标解读： 响应国家政策是企业回应政府期望与诉求的基本要求。

示例：

利益相关方对公司的期望以及公司的回应措施

利益相关方	沟通渠道和方式	对中国电信的期望	中国电信的回应
政府	会议	遵守法律法规	依法治企，诚信经营 依法纳税，带动就业 服务信息化，促进经济 发展方式转变
	专项汇报或报告	落实政府管理要求	
	参与政府项目	提升经济社会信息化水平	
	报表和拜访	不断发展，稳定就业	

——《中国电信2013年社会责任报告》(P19)

核心指标 S1.7 确保就业及（或）带动就业的政策或措施

指标解读： 促进经济发展与扩大就业相协调是社会和谐稳定的重要基础。根据《中华人民共和国就业促进法》(2007)，"国家鼓励各类企业在法律、法规规定的范围内，通过兴办产业或者拓展经营，增加就业岗位"、"国家鼓励企业增加就业岗位，扶持失业人员和残疾人就业"。

示例：

2011年，中国联通强化招聘人员准入制度，优化招聘流程，高质量完成2011年校园招聘工作，并启动2012年招聘，为公司人员结构逐步优化，充实县级公司力量，吸引优秀人才创造了条件，同时为毕业生创造了更多的就业机会。

——《中国联通2011年社会责任报告》(P18)

核心指标　S1.8 报告期内吸纳就业人数

指标解读： 企业在报告期内吸纳的就业人数包括但不限于应届毕业生、社会招聘人员、军转复原人员、农民工、劳务工等。

示例：

2013年，公司年度新入职员工7555人，其中新入职女性员工3026人，新入职男性员工4529人。

——《中国移动2013年可持续发展报告》(P51)

（二）员工责任（S2）

员工责任主要包括员工基本权益保护、平等雇佣、职业健康、员工发展和员工关系管理五大板块，每个板块又分为若干指标。

核心指标　S2.1 劳动合同签订率

指标解读： 劳动合同签订率指报告期内企业员工中签订劳动合同的比率。

示例：

员工100%签订劳动合同。

——《中国移动2013年可持续发展报告》(P28)

扩展指标　S2.2 集体谈判与集体合同覆盖率

指标解读： 集体谈判是工会或个人组织与雇主就雇佣关系等问题进行协商的一种形式，其目的是希望劳资双方能够在一个较平等的情况下订立雇佣条件，以保障劳方应有的权益。

集体合同是指企业职工一方与用人单位就劳动报酬、工作时间、休息休假、劳动安全卫生、保险福利等事项，通过平等协商达成的书面协议。集体谈判是签订集体合同的前提，签订集体合同必须要进行集体协商。

第四章 报告指标详解

> **示例：**
> 各省公司全部开展工资集体协商工作，超过50%的省公司签订了工资集体合同。
>
> ——《中国移动2013年可持续发展报告》(P28)

核心指标 S2.3 民主管理

指标解读：根据《公司法》、《劳动法》、《劳动合同法》等规定，企业实行民主管理主要有三种形式：职工代表大会、厂务公开以及职工董事、职工监事。此外，职工民主管理委员会、民主协商会、总经理信箱等也是民主管理的重要形式。

> **示例：**
> 公司鼓励员工通过职工代表大会、企务公开栏目等渠道参与企业民主管理和监督；各省公司每年至少召开一次职工代表大会。在牵涉员工重大切身利益的问题上，引入员工参与决策。
>
> ——《中国移动2013年可持续发展报告》(P28)

扩展指标 S2.4 参加工会的员工比例

指标解读：根据《工会法》、《中国工会章程》等规定，所有符合条件的企业都应该依法成立工会，维护职工合法权益是工会的基本职责。

> **示例：**
>
> | 指标 | 2011年 | 2012年 | 2013年 |
> |---|---|---|---|
> | 参加工会员工比例（%） | 96 | 97 | 98 |
>
> ——《中国电信2013年社会责任报告》(P48)

扩展指标 S2.5 通过申诉机制申请、处理和解决的员工申诉数量

指标解读：员工申诉是指员工在工作中认为受到不公正待遇或发现企业经营中不合规的行为等，通过正常的渠道反映其意见和建议。依据申诉对象的不同，员工申诉可分为企业内部申诉和企业外部申诉（劳动仲裁），该指标所指的员工申诉主要指企业内部申诉。

> **示例：**
> 公司通过总裁信箱、信访办公室等多个渠道收集员工的问题，并就相关问题进行回应和处理。经由上述渠道，2013年公司人力资源部共接到26起相关信件，经调查，零件被确认为属实，全部26件申诉已得到妥善处理。
>
> ——《中国移动2013年可持续发展报告》（P52）

扩展指标 S2.6 雇员隐私管理

指标解读： 员工具有工作隐私权，赋予雇员隐私权是对雇员人格尊严的尊重。企业应建立覆盖招聘、考核等各人力资源管理环节的隐私管理体系。

扩展指标 S2.7 兼职工、临时工和劳务派遣工权益保护

指标解读： 劳务派遣工指与由劳动行政部门资质认定，经工商部门注册登记的劳务型公司签订劳动合同或劳务合同后向实际用工单位进行劳务输出，从事劳动服务的一种用工形式，劳动者与劳务型公司建立劳动关系或劳务关系，由劳务型公司按规定发放工资、缴纳社会保险费，劳动者与劳务输入的实际用人单位不发生劳动关系和劳务关系，只是从事劳动服务。兼职工、临时工和劳务派遣工的权益保护问题主要包括同工同酬、福利待遇、职业培训与发展等。

> **示例：**
> 公司以履行《劳动合同法》（修正案）为契机，加强非合同制用工的规范管理，出台《用工优化与规范管理指导意见》《核心岗位非合同制人员招录办法》《关于加强劳务派遣公司规范管理有关问题的通知》《关于做好经营性业务外包工作的意见》等制度。开展核心岗位的非合同制用工优化，劳务派遣用工比例达到法律规定要求，基本实现同岗同酬。
>
> ——《中国联通2013年社会责任报告》（P48）

核心指标 S2.8 按运营地划分员工最低工资和当地最低工资的比例

指标解读： 员工最低工资是指劳动者在法定工作时间提供了正常劳动的前提下，其所在用人单位必须按法定最低标准支付的劳动报酬，其中不包括加班工资、特殊工作环境的津贴、法律法规和国家规定的劳动者福利待遇等。

各地最低工资标准由省、自治区、直辖市人民政府规定。

核心指标 S2.9 社会保险覆盖率

指标解读： 该指标主要指企业正式员工中"五险一金"的覆盖比例。

> **示例：**
> 确保合同制员工全部加入工会并缴纳社会保险。
> ——《中国联通2012年社会责任报告》(P40)

扩展指标 S2.10 超时工作报酬的制度与措施

指标解读： 企业为超出法定工作时间而支付的报酬总额的制度与措施。其中法定工作时间由政府规定。

扩展指标 S2.11 每年人均带薪年休假天数

指标解读： 带薪年休假是指劳动者连续工作1年以上，就可以享受一定时间的带薪年假。其中，职工累计工作已满1年不满10年的，年休假5天；已满10年不满20年的，年休假10天；已满20年的，年休假15天。具体操作可参考2007年12月7日国务院第198次常务会议通过的《职工带薪年休假条例》。

核心指标 S2.12 按雇佣性质（正式、非正式）划分的福利体系

指标解读： 福利是员工的间接报酬，包括但不限于为减轻职工生活负担和保证职工基本生活而建立的各种补贴、为职工生活提供方便而建立的集体福利设施、为活跃职工文化生活而建立的各种文化体育设施等。

> **示例：**
> 2012年，中国联通不断提升企业资源配置效率，坚持按劳分配、强化业绩导向，向高贡献、高价值员工倾斜，创新薪酬与工作业绩、考核结果的匹配方式，充分发挥绩效薪酬的正向激励作用。企业内部分配关系进一步优化，一线员工人均工资增长率高于机关本部，非管理人人均工资增长率高于管理人员。
> ——《中国联通2012年社会责任报告》(P40)

核心指标 S2.13 中高层女性管理者比例

指标解读： 管理人员主要指具体从事经营管理的人员，包括各级经理人如规

划计划、人力资源、市场营销、资本运营、财务审计、生产管理、法律事务、质量安全环保、行政管理等部门经理、主管等。

示例：

指标名称	2011 年	2012 年	2013 年
高级管理层中女性比例（%）	17.43	17.92	18.17

——《中国移动 2013 年可持续发展报告》(P51)

扩展指标 S2.14 少数民族或其他种族员工比例

指标解读：该指标主要指公司内部正式员工中少数民族或其他种族员工所占比例。

示例：

指标名称	2011 年	2012 年	2013 年
少数民族员工比例（%）	6.56	6.33	6.92

——《中国移动 2013 年可持续发展报告》(P51)

扩展指标 S2.15 残疾人雇佣率或雇佣人数

指标解读：根据《中华人民共和国就业促进法》规定，"国家保障残疾人的劳动权利，用人单位招用人员，不得歧视残疾人。"

示例：

中国电信 10000 号广州区域中心与地方残联合作，通过公开招聘的方式安排残疾人就业，并提供相应的工作培训，帮助他们依靠自身能力融入社会、服务社会。目前，10000 号广州区域中心有 1 名肢体 4 级残疾、1 名视力 4 级残疾的员工，每天与其他客服人员一起接听客户来电，为客户解决问题。

——《中国电信 2011 年社会责任报告》(P44)

第四章 报告指标详解

扩展指标 S2.16 职业健康与安全委员会中员工的比例

指标解读：职业健康与安全（管理）委员会是企业中对员工职业健康与安全进行管理的最高机构，员工担任委员会成员可以确保员工利益真正得到保证。

核心指标 S2.17 职业安全防护制度

指标解读：职业安全防护制度是指企业保障员工在劳动过程中的健康与安全所制定的政策与制度。

> **示例：**
> 中国联通积极做好劳动保护，不断推进职业健康管理体系建设，完善员工劳动保护管理，防毒、防辐射、防噪声、防寒、防冻和防暑降温工作，重点加强对特种作业、恶劣环境作业等易发事故场所的防护设施、工具及用品的配备和管理，确保员工职业健康。
> ——《中国联通 2012 年社会责任报告》（P41）

核心指标 S2.18 职业安全健康培训

指标解读：职业安全健康培训主要指企业针对员工开展的关于职业安全健康知识、预防等内容的培训。

> **示例：**
> 2012 年累计组织 39 万人次观看安全生产主题宣传片。
> ——《中国移动 2012 年可持续发展报告》（P22）

核心指标 S2.19 安全应急管理机制

指标解读：该指标主要描述企业在建立应急管理组织、规范应急处理流程、制定应急预案、开展应急演练等方面的制度和措施。

> **示例：**
> 公司积极开展贴近一线的安全文化宣传活动，组织形式多样的安全教育和应急演练，提升全员安全意识。
> ——《中国移动 2013 年可持续发展报告》（P26）

[核心指标] S2.20 员工伤亡人数

指标解读：该指标主要包括员工工伤人数、员工死亡人数等数据。

> **示例**：
> 2013年，公司未发生安全生产责任事故或因公死亡事故。
> ——《中国移动2013年可持续发展报告》(P51)

[扩展指标] S2.21 员工心理健康制度或措施

指标解读：员工心理健康是企业成功的必要因素，企业有责任营造和谐的氛围，帮助员工保持心理健康。

> **示例**：
> 为帮助员工应对工作压力、调节身心健康，公司持续开展员工帮助计划（EAP）。截至2013年底，集团总部及各省公司均已实施EAP项目，覆盖员工超过25万人（含劳务派遣人员）。
> ——《中国移动2013年可持续发展报告》(P26)

[核心指标] S2.22 体检及健康档案覆盖率

指标解读：该指标指企业员工中年度体检的覆盖率和职业健康档案的覆盖率。

> **示例**：
> 公司定期组织员工体检，2013年员工体检率达到90.5%。
> ——《中国移动2013年可持续发展报告》(P26)

[扩展指标] S2.23 向兼职工、劳务工和临时工及分包商职工提供同等的健康和安全保护

[核心指标] S2.24 员工职业发展通道

指标解读：职业通道是指一个员工的职业发展计划，职业通道模式主要分三类：单通道模式、双通道模式、多通道模式。按职业性质又可分为管理类、技术类、研发类职业通道。

示例：

公司通过完善晋升机制和轮岗、挂职交流等实践，为员工职业发展提供机会。

2013年，公司从总部选派15人分赴七省交流任职，帮助员工得到多岗位的锻炼；组织召开了2012年首批下基层交流员工座谈会，共同分享心得与体会。此外，公司首次组织总部与直属单位之间进行6人次的专项交流，并组织总部三名员工赴国际公司交流工作，进一步扩大了交流任职的范围。

公司为员工提供多种职业发展平台，推荐员工参与"国家特支计划"、"百千万人才工程"、"中国青年科技奖"等各类评选。在建立153人的后备领导人员库基础上，遴选出135人的"75后"优秀经理人员名单，加强领导人员队伍梯队建设。

公司以认证考试的形式持续促进员工岗位任职能力的提升。2013年，累计举办考试925场，参加人次近19万，较上年同期分别增长了1.6倍和6.9倍。

——《中国移动2013年可持续发展报告》(P27)

|核心指标| S2.25 员工培训体系

指标解读： 企业培训体系是指在企业内部建立一个系统的、与企业的发展以及员工个人成长相配套的培训管理体系、培训课程体系、培训师资体系以及培训实施体系。

示例：

公司持续完善培训体系，创新培训实践，为员工提供培训和学习机会，加强人才队伍的能力建设。

● 培训实践

开创融合面授培训、网上大学、在线考试、手机平台等多个学习平台于一体的"助力技术人才快速发展的混合式学习实践"项目，荣获美国培训与发展协会（ASTD）颁发的2013年度卓越实践提名奖，并将作为全球培训学习项目的典范案例发布和推广。

● 培训评估

创新建立"培训全流程的闭环管理与评估体系"。

● 共建共享

实现全公司培训资源的集中化、专业化,提高资源使用效率,使各优势资源得到充分利用。

——《中国移动2013年可持续发展报告》(P27)

核心指标 S2.26 员工培训绩效

指标解读:该指标主要包括人均培训投入、人均培训时间等培训绩效数据。

示例:

指标名称	2011年	2012年	2013年
人均培训费用(元)	2359	2564	2632
培训总人数(万人次)	97.5	98.3	98.9
员工人均培训时长(小时)	57.4	59.1	61.2

——《中国移动2013年可持续发展报告》(P51)

核心指标 S2.27 困难员工帮扶措施及投入

指标解读:该指标主要指企业在帮扶困难员工方面的政策措施以及资金投入。

示例:

各级企业坚持慰问员工常态化机制,坚持做好重大节日慰问和重大事务关怀,通过专项帮困资金救助困难员工。

指标	2011年	2012年	2013年
慰问资金投入(万元)	7298	9696	6118

——《中国电信2013年社会责任报告》(P55)

扩展指标 S2.28 为特殊人群(如孕妇、哺乳妇女等)提供特殊保护

指标解读:该指标主要指企业为孕妇、哺乳妇女等特殊人群提供的保护设施、保护措施以及特殊福利待遇。

> **示例：**
> 公司注重保护女性员工生育权，充分尊重她们休产假的权利。2013年，公司总部产假后返工女性员工比例为100%。
> ——《中国移动2013年可持续发展报告》(P51)

扩展指标 S2.29 尊重员工家庭责任和业余生活，确保工作生活平衡

指标解读： 工作生活平衡，又称工作家庭平衡，是指企业帮助员工认识和正确看待家庭同工作间的关系，调和工作和家庭的矛盾，缓解由于工作家庭关系失衡而给员工造成压力。

> **示例：**
> 公司积极组织员工参加首届北京国际摄影周"云影像"大众手机摄影展、世界企业体育运动会保龄球比赛等活动，并在公司内部举办员工乒乓球赛、桥牌比赛及书画巡展等活动，帮助员工在工作与生活间取得平衡。2013年，公司组织的文体活动参与人次达到23.5万。
> ——《中国移动2013年可持续发展报告》(P28)

扩展指标 S2.30 改善工作环境的措施及绩效

指标解读： 该指标是指企业为改善劳动者工作场所条件所采取的措施和取得的成效。

> **示例：**
> 深入开展"五小"建设，使基层职工的生产生活实现"休息有宿舍、吃饭有厨房、洗澡有浴室、活动有场地、方便有厕所"。2012年规划建设"五小"设施2916个。推广"沃阅读"，将网络技术与职工之家建设相结合，让更多的职工享受到阅读的乐趣。2012年中国联通共投入职工之家、职工小家建设经费1185万。
> ——《中国联通2012年社会责任报告》(P44)

|扩展指标| S2.31 员工满意度

指标解读：员工满意度是指员工接受企业的实际感受与其期望值比较的程度。即员工满意度=实际感受/期望值。员工满意度也称雇员满意度，是企业的幸福指数，是企业管理的"晴雨表"，是团队精神的一种参考。

|扩展指标| S2.32 员工流失率

指标解读：员工年度流失率=年度离职人员总数/(年初员工总数+年度入职人员总数)

（三）社区责任（S3）

社区责任主要包括电磁辐射管理、社区发展、本地化运营和社会公益四个板块，每个板块又分为若干指标。

|核心指标| S3.1 电磁辐射管理

指标解读：该指标是指电信服务企业对于基站电磁辐射管理的制度或措施，确保基站辐射值低于国家标准限值，保障所在社区居民健康安全。

> **示例：**
> 公司严格遵守《电磁辐射管理办法》的各项要求，并制定《基站电磁辐射巡检评估办法》。2013年，公司对江苏等11个省公司的电磁辐射管理工作实施了量化评估，并召开工作沟通会，对一线员工进行与电磁辐射相关的风险沟通策略、技术标准与法规等培训。
> ——《中国移动2013年可持续发展报告》（P31）

|扩展指标| S3.2 与社区成员沟通电磁辐射的措施

指标解读：该指标是指电信服务企业采取不同措施与社区成员沟通电磁辐射，促使社区成员了解电磁辐射强度、电磁辐射影响，科普电磁辐射知识等。

> **示例：**
> ● 首创电磁辐射公示
> 公司严格按照《环境影响评价公众参与暂行办法》，在基站建设前后进行环境影响公示，让公众清楚了解基站运行情况及其实际影响程度。2013年，

公司投资180万元研发建设电磁辐射监测系统，并在山东、河南、广西和甘肃四省分别建设试点项目，向公众实时展示基站电磁辐射强度。

● 助力电磁辐射科普

公司不断加强公众沟通，用科学方法向公众普及电磁辐射知识。

拍摄科普宣传片：先后与中央电视台和中华环保联合会合作制作了电磁辐射科普宣传片"触摸电磁波"和专题节目"基站辐射真相"，对公众所关心的基站电磁辐射标准、健康影响等问题进行系统、科学的回应。

编印环保科普读本：编制《移动通信与电磁辐射基础知识手册》，对电磁辐射环保的政策法规、技术标准、电磁辐射与人体健康的关系进行全面系统介绍。

——《中国移动2013年可持续发展报告》(P31)

扩展指标 S3.3 企业开发或支持运营所在社区中具有社会效益的项目

指标解读：企业可通过支持社区成员创业、与社区成员共享企业的福利设施等形式，促进运营所在社区的经济社会发展。

示例：

江苏联通江阴分公司与江阴团市委合作开展江阴青年"Wo创业"计划。"Wo创业"的门店经营由江阴联通及创业者共同开展，江阴联通对门店选址、租赁、装修及日常经营提供一系列支撑及协助。

——《中国联通2013年社会责任报告》(P57)

核心指标 S3.4 员工本地化政策及绩效

指标解读：员工本地化是指企业在运营过程中应优先雇员所在地劳动力。其中，员工本地化最重要的是管理层（尤其是高级管理层）的本地化。员工本地化绩效一般是指本地化雇佣比例，即本地员工占运营所在地机构员工的比例。

示例：

公司在各运营地积极支持当地就业，如中国移动香港地区公司员工本地化比例约为97%，管理人员本地化比例约为93%。

——《中国移动2013年可持续发展报告》（P51）

扩展指标　S3.5 本地化采购政策及绩效

指标解读：本地化采购指企业在运营过程中应优先采购运营所在地供应商商品。本地化采购绩效一般指本地化采购比例。

示例：

联通美洲公司实行本地化采购优先政策，采购本地服务超过1000万美元，占相关成本比例90%以上。

——《中国联通2013年社会责任报告》（P62）

核心指标　S3.6 企业公益方针或主要公益领域

指标解读：该指标主要指企业的社会公益政策以及主要的公益投放领域。

示例：

中国移动进一步完善中国移动慈善基金会管理，完成了基金会的《2011~2013年发展规划》编制，将公益慈善活动关注的重点集中在扶助弱势群体、支持教育、健康救助和赈灾等方面。

——《中国移动2011年可持续发展报告》（P39）

扩展指标　S3.7 企业公益基金或基金会

指标解读：该指标主要描述企业成立的公益基金或基金会，以及公益基金会或基金会的宗旨和运营领域。

示例：

中国移动于2009年注资1亿元设立中国移动慈善基金会，以实现对社会公益事业的长期投入和对企业公益资源的规范运作。中国移动慈善基金会在民政部的指导下，不断完善治理结构，切实提升运作的规范化水平和透明化程度。

● 严格遵照《中国移动公益慈善活动管理办法》的规程进行资金管理和项目运作，以全面预算管理为基础进行资金管理，滚动制定三年规划和年度公益慈善项目计划，确保公益慈善基金专款专用；

● 定期召开理事会会议，集体、科学地决策包括基金会规划、重点项目调整、新项目审定与预算等重大事项；

● 强化透明运营，通过基金会网站、《公益时报》等渠道发布基金会年检报告摘要、项目运作情况等重要信息；

● 基金会已通过民政部统一组织的基金会年检审计，并积极参加民政部组织的基金会等级评估工作。

——《中国移动2012年可持续发展报告》(P25)

扩展指标　S3.8 海外公益

指标解读：海外公益包括企业在中国大陆之外开展的公益活动和企业向中国大陆以外地区的捐赠等。

示例：

在巴基斯坦，投资1082400卢比（约人民币60000元），与Buksh基金会合作在两个村庄实施"照亮百万心灵"项目，提供了50盏可充电电灯，并建设了太阳能充电站，帮助约950户居民在夜晚享受到了光明。

——《中国移动2013年可持续发展报告》(P34)

核心指标　S3.9 捐赠总额

指标解读：该指标主要指企业年度资金捐助以及年度物资捐助总额。

示例：

指　标	2011年	2012年	2013年
捐赠总额（万元）	2491.3	1977.5	2207.9

——《中国联通2013年社会责任报告》(P69)

|核心指标| S3.10 企业支持志愿者活动的政策、措施

指标解读：志愿服务是指不以获得报酬为目的，自愿奉献时间和智力、体力、技能等，帮助他人、服务社会的公益行为。

> **示例：**
> 中国移动鼓励和支持员工参与公益志愿活动，并结合实际逐步引导。2013年，公司发布《关于进一步推进中国移动志愿服务工作的指导意见》，进一步鼓励和规范员工志愿活动。
> ——《中国移动2013年可持续发展报告》（P35）

|核心指标| S3.11 员工志愿者活动绩效

指标解读：该指标主要指志愿者活动的时间、人次等数据。其中，志愿服务时间是指志愿者实际提供志愿服务的时间，以小时为计量单位，不包括往返交通时间。

> **示例：**
> 截至2013年底，员工志愿者人数达98581人，年度志愿服务总时长达52.2万小时。
> ——《中国移动2013年可持续发展报告》（P35）

五、环境绩效（E系列）

环境绩效主要描述企业在节能减排、环境保护方面的责任贡献，主要包括环境管理、绿色网络、绿色运营和环境友好四大板块。

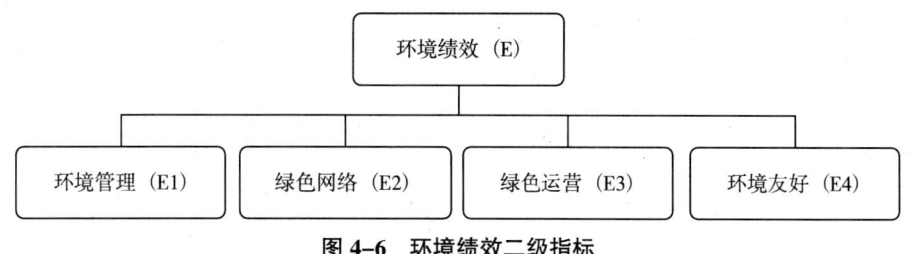

图 4-6 环境绩效二级指标

（一）环境管理（E1）

环境管理主要包括环境管理体系、环保培训、环境信息公开和能资源管理四个板块，每个板块又分为若干指标。

核心指标　E1.1 建立环境管理组织体系和制度体系

指标解读：企业应建立环境管理组织负责公司的环境管理工作，并制定相应计划、执行、检查、改进等环境管理制度。

> **示例：**
> 公司从建立组织体系、提升管理能力、健全考核机制三大方面入手，已建立了相对完善的环境管理体系。2013 年，公司通过在节能减排管理、统计分析、考核奖惩体系等方面持续优化环境管理，实现单位业务量耗电较 2012 年底下降 23%，单位信息流量综合能耗下降 38%，超额完成全年下降 15% 的节能目标。
>
> ——《中国移动 2013 年可持续发展报告》（P37）

扩展指标　E1.2 项目环境影响评价

指标解读：根据《中华人民共和国环境影响评价法》，环境影响评价是指对规划和建设项目实施后可能造成的环境影响进行分析、预测和评估，提出预防或者减轻不良环境影响的对策和措施，同时进行跟踪监测的方法与制度。

除国家规定需要保密的情形外，对环境可能造成重大影响、应当编制环境影响报告书的建设项目，建设单位应当在报批建设项目环境影响报告书前，举行论证会、听证会，或者采取其他形式，征求有关单位、专家和公众的意见。

扩展指标　E1.3 参与或加入的环保组织或倡议

指标解读：该指标包括两方面的内容，即企业加入的环保组织和企业参与的环保倡议。

|核心指标| E1.4 环保总投资

指标解读：该指标是指年度投入环境保护的资金总额。

> **示例：**
> 公司自2007年起实施以节能减排为核心的"绿色行动计划"。2013年，公司"绿色行动计划"共投资3.3亿元。
> ——《中国移动2013年可持续发展报告》(P49)

|核心指标| E1.5 环保培训与宣教

指标解读：该指标是指企业对员工（或利益相关方）开展的关于环境保护方面的培训或宣传活动。

> **示例：**
> 举办节能宣传周和全国低碳日活动，发送节能短信，倡导节能、低碳生活；开展能源紧缺体验活动，倡导低碳出行；普及节能知识，提高员工节能意识。
> ——《中国联通2013年社会责任报告》(P53)

|核心指标| E1.6 环保培训绩效

指标解读：该指标包括环保培训人数、环保培训投入、环保培训时间等。

|扩展指标| E1.7 环境信息公开

指标解读：该指标指企业将其环境信息通过媒体、互联网等方式，或通过公布企业年度环境报告的形式向社会公开。

企业应当按照自愿公开与强制性公开相结合的原则，及时、准确地公开企业环境信息。环境信息公开标准参照2007年原国家环保总局颁发的《环境信息公开办法（试行）》（总局令第35号）的管理规定执行。

根据相关规定，企业可自愿公开下列企业环境信息：

● 企业环境保护方针、年度环境保护目标及成效；

● 企业年度资源消耗总量；

● 企业环保投资和环境技术开发情况；

- 企业排放污染物种类、数量、浓度和去向；
- 企业环保设施的建设和运行情况；
- 企业在生产过程中产生的废物的处理、处置情况，废弃产品的回收、综合利用情况；
- 与环保部门签订的改善环境行为的自愿协议；
- 企业自愿公开的其他环境信息。

示例：

2013年3月，杭州西湖区蒋村花园小区内竖起了一个电子屏，屏幕显示着附近中国移动基站的位置、电磁辐射数据，以及电磁辐射常识和防范提醒。这是公司在全国首创的"绿色和谐电磁环境"基站典型示范项目。事实上，移动通信的微蜂窝技术并不足以造成辐射污染。"绿色和谐电磁环境"项目就是帮助打消人们对辐射的顾虑，让"它"透明公开、放心存在。

——《中国移动2013年可持续发展报告》（P31）

核心指标 E1.8 按类型划分的全年能源消耗总量（如汽油、柴油、天然气、电能、新能源等）

指标解读： 该指标是指报告期内企业生产和运营所直接消耗的各种能源折合标准煤数量。一般情况下，纳入统计核算的常规能源产品（实物量）分为五大类，即煤、油、气、电、其他燃料。

- 煤包括原煤、洗精煤、其他洗煤、煤制品（型煤、水煤浆、煤粉）、焦炭、其他焦化产品、焦炉煤气、高炉煤气、其他煤气。
- 气包括天然气、液化天然气。
- 油包括原油、汽油、煤油、柴油、燃料油、液化石油气、炼厂干气、其他石油制品。
- 电包括火电、水电及核电等其他一次电力。
- 其他燃料包括煤矸石、生物质能、工业废料、城市固体垃圾、热力。

新能源是指在新技术基础上开发利用的非常规能源，包括风能、太阳能、海洋能、地热能、生物质能、氢能、核聚变能、天然气水合物等；可再生能源是指风能、太阳能、水能、生物质能、地热能、海洋能等连续、可再生的非化石能源；清洁能源是指环境污染物和二氧化碳等温室气体零排放或者低排放的一次能源，主要包括天然气、核电、水电及其他新能源和可再生能源等。

示例：

能源使用

指标名称	2011年	2012年	2013年
耗电总量（亿度）	134.7	148.9	156.6
天然气用量（百万立方米）	6.9	9.0	7.2
液化石油气用量（百吨）	6.7	7.3	7.1
煤气用量（百万立方米）	2.1	1.5	1.2
煤炭用量（万吨）	2.9	2.4	1.8
汽油总消耗量（百万升）	156.5	151.1	152.6
柴油总消耗量（百万升）	29.0	24.2	24.1
外购热力费用（百万元）	137.03	151.80	155.81

——《中国移动2013年可持续发展报告》(P49)

核心指标 E1.9 单位信息流量综合能耗

指标解读：该指标是指电信服务企业所有网络信息流量实际消耗的各种能源实物量的总和除以网络总数，所得出的一个数值即为单位信息流量综合能耗。

示例：

指　标	2011年	2012年	2013年
单位信息流量能耗（千克标准煤/TB）	65.0	45.4	26.28

——《中国联通2013年社会责任报告》(P69)

核心指标 E1.10 单位业务量耗电量

指标解读：该指标是指电信服务企业所有业务的耗电量的总和除以业务总数，所得出的一个数值即为单位业务量耗电量。

示例：

2013年，公司通过在节能减排管理、统计分析、考核奖惩体系等方面持续优化环境管理，实现单位业务量耗电较 2012 年底下降 23%。

——《中国移动 2013 年可持续发展报告》(P37)

核心指标 E1.11 基站每载频耗电量

指标解读：该指标是指将移动基站内所有的耗电量的总和除以无线设备载波单元的数量（一般俗称载频）的数量，所得出的一个数值即为单位载频耗电量（每载频耗电量）。用以衡量单位能效比。

示例：

2012 年，公司继续加大节能减排措施的推广应用力度，持续提升新建和存量通信设施能效水平，加强技术创新，实现了 2012 年每载频耗电较 2011 年下降 5.7%。

——《中国移动 2012 年可持续发展报告》(P31)

（二）绿色网络（E2）

绿色网络主要包括基站/机房节能、电信基础设施共建共享、新能源基站、无机房建设四个板块，每个板块又分为若干指标。

核心指标 E2.1 基站节能技术的研发与应用

指标解读：该指标是指电信服务企业为降低通信基站运营能耗，研发与应用基站节能技术制度或措施。此指标的基站节能技术包含但不仅限于新风系统、高能效空调、基站电池温控系统、碳氢制冷剂等。

示例：

网络运行过程中，通信基站、机房等网络设备的电力消耗构成了中国移动能源消耗的主体。对此，公司从网络建设与网络运行两方面入手，通过节能技术的应用与设备管理和维护，切实降低运营能耗。

——《中国移动 2012 年可持续发展报告》(P38)

核心指标 E2.2 基站节能技术覆盖率

指标解读：该指标是指电信服务企业节能技术应用基站数量占企业通信基站

总数的比例。

> **示例：**
> 全年启动节能技术改造项目 202 个，基站技能技术覆盖率达 51%。
> ——《中国联通 2013 年社会责任报告》（P53）

[核心指标] E2.3 电信基础设施共建共享的措施及成效

指标解读： 电信基础设施共建共享可以有效地减少资源重复建设，提高基础设施利用率。该指标是指电信服务企业推进电信基础设施共建共享的措施以及取得的相应成效。此指标共建共享的电信基础设施包含但不仅限于铁塔、基站、杆路、管道、室内分布系统等。

> **示例：**
> 2013 年，公司与相关运营商达成了八条跨省干线光缆共建意向，正在实施或意向阶段的共建共享的铁路 42 条，地铁 26 条，高速公路 84 条，机场 16 个，大型场馆 48 个，国家级、省级风景名胜区 31 个，工业园 50 个，校园 13 个，住宅小区 803 个。此举有效减少了重复建设，降低了资源消耗。
> ——《中国移动 2013 年可持续发展报告》（P38）

[扩展指标] E2.4 推广新能源基站的措施及成效

指标解读： 新能源基站工作原理主要指采用新能源（如太阳能、风能、水能等）作为动力来源，通过太阳能、风能、水能等发电促进基站运营的机理。新能源基站的使用可以降低能耗，减少环境污染。目前的新能基站包含但不仅限于太阳能基站、风能基站、风光互补基站等。

该指标是指电信服务企业从环境友好角度出发，积极推广新能基站应用的措施以及通过新能源基站的使用节约能源资源量。

> **示例：**
> 公司继续扩大新能源技术的应用，在资源丰富的地区建设新能源基站。截至 2013 年底，累计建设新能源基站约 1.2 万个，其中太阳能基站（含风

光互补基站）超过 10000 个，相当于年节电约 5200 万度，减少二氧化碳排放 3.9 万吨。

——《中国移动 2013 年可持续发展报告》(P38)

扩展指标　E2.5 推广无机房基站建设的措施及成效

指标解读：无机房基站建设指主设备及配套设备不再专门新建或租赁专用机房进行安装建设，改为采用一体化室外综合柜结合标准 U 型设备（主设备及配套设备）进行安装建设。与核心网、传输网之间连接模式及天面安装模式仍与有机房基站一致。无机房基站无需机房、馈线、空调、交流配电屏、开关电源柜、环境监控设备、传输综合柜等设备，不仅能够降低运营成本，而且能够节能资源，降低能耗。

该指标是指电信服务企业从环境友好角度出发，积极推广无机房基站应用的措施以及通过无机房基站的使用节约能源资源量。

示例：

2013 年，公司新增无机房基站约 3.7 万座，每年可节电 2.2 亿度，相当于减少二氧化碳排放 16.7 万吨。

——《中国移动 2013 年可持续发展报告》(P38)

核心指标　E2.6 通信机房节能技术研发与应用

指标解读：该指标是指电信服务企业为降低通信机房运营能耗，研发与应用通信机房技能技术的制度或措施。此指标的通信机房节能技术包含但不仅限于空调节能技术、变频技术、新风节能技术、太阳能和风力发电技术以及谐波治理等。

示例：

江苏联通大力推进技术节能应用，全年节能超过 3000 万元。实施的基站反射隔热涂料节能改造项目节电能力达到平均单站节能 1200 度，机房空调能效控制节能改造项目节电率达到 35%。

——《中国联通 2013 年社会责任报告》(P53)

核心指标　E2.7 通信机房节能技术覆盖率

指标解读：该指标是指电信服务企业节能技术应用通信机房数量占企业通信机房总数的比例。

> **示例：**
> 全年启动节能技术改造项目202个，通信机房技能技术覆盖率达49%。
> ——《中国联通2013年社会责任报告》（P53）

（三）绿色运营（E3）

绿色运营主要包括电子业务、绿色采购、绿色办公、废弃物回收、绿色包装五个板块，每个板块又分为若干指标。

核心指标　E3.1 推广电子业务的制度和措施

指标解读：该指标是指电信服务企业在业务办理、市场推广、员工日常办公等业务环节积极推广无纸化、信息化办公等手段的制度或措施，以降低资源消耗。

> **示例：**
> 推广电子身份认证、电子业务受理单、客户电子签名及电子化账单等，加快实现营业厅业务办理全流程无纸化，尽可能减少业务单据的使用。
> ——《中国移动2013年可持续发展报告》（P39）

核心指标　E3.2 电子渠道业务办理量

指标解读：该指标是指企业通过无纸化、信息化办公等手段开展业务办理的数量。

> **示例：**
> 2013年，电子渠道业务办理占比达到82%。
> ——《中国移动2013年可持续发展报告》（P39）

核心指标　E3.3 绿色办公政策或措施

指标解读：绿色办公政策或措施，包括但不限于以下内容：

- 夏季空调温度不低于26度；
- 办公区采用节能灯具照明，且做到人走灯灭；
- 办公区生活用水回收再利用；
- 推广无纸化办公，且打印纸双面使用；
- 办公垃圾科学分类；
- 推行视频会议减少员工出行等。

示例：

公司积极推进办公场所节能改造，制定并完善《员工办公节能守则》，并通过节能宣传提升员工环保意识，将绿色办公落实到细节。

- 广泛采用智能照明系统。
- 应用变频技术降低单位能耗。
- 及时关闭各种用电设备。
- 限制使用一次性纸杯。
- 推广使用绿色可降解办公用品。
- 广泛应用电子文件和数字档案。
- 加强用纸管理、提倡双面打印及无纸化办公。
- 倡导绿色出行，加强公务用车管理，降低能源消耗。

——《中国移动2013年可持续发展报告》(P39)

扩展指标 E3.4 绿色办公绩效

指标解读： 该指标包括办公用电量、用水量、用纸量以及垃圾处理量等方面的数据。

示例：

指标名称	2011年	2012年	2013年
总部召开跨省视频电话会议数（次）	850	988	942

——《中国移动2013年可持续发展报告》(P50)

扩展指标 E3.5 绿色建筑和营业网点

指标解读：绿色建筑指在建筑的全寿命周期内，最大限度地节约资源（节能、节地、节水、节材），保护环境和减少污染，为人们提供健康、适用和高效的使用空间，与自然和谐共生。绿色建筑的相关评价标准参考《绿色建筑评价标准》（GB/t 50378—2006）和《绿色建筑评价技术细则（试行）》（建科〔2007〕205号）等。

核心指标 E3.6 支持绿色采购的制度与措施

指标解读：绿色采购是指企业一系列采购政策的制定、实施以及考虑到原料获取过程对环境的影响而建立的各种关系，其中与原料获取过程相关的行为包括供应商的选择评价和开发、供应商的运作、内向物流、包装、回收、重用、资源的减量使用以及产品的处置。

该指标是指企业在推行绿色采购方面所采取的制度或措施。

> **示例：**
> 2013年制定《采购物资质量管理办法》、《供应商考察实施细则》、《采购物资质量检测结果评标应用指导意见》等制度，规范质量检测、供应商考察流程及检测结果应用机制，强化绿色供应评价。
> ——《中国电信2013年社会责任报告》（P58）

核心指标 E3.7 供应商通过ISO14000环境管理体系认证的比例

指标解读：该指标是指企业的供应商中通过ISO14000环境管理体系认证的比例。

扩展指标 E3.8 提升供应商环境保护意识和能力的措施

指标解读：企业可以通过培训会、定期交流等形式，提升供应商环境保护意识和能力。

> **示例：**
> 2013年8月27~29日组织各省公司负责供应商认证的人员开展认证专业技能培训，内容涵盖对供应商社会责任履行的审核等。
> ——《中国移动2013年可持续发展报告》（P16）

|扩展指标| E3.9 供应商受到环保方面处罚的个数/次数

指标解读：该指标主要指企业的供应商中受到政府环境处罚的个数和次数。

|扩展指标| E3.10 支持绿色低碳产品的研发与应用

指标解读：该指标是指电信服务企业通过采购绿色低碳产品，支持绿色低碳产品的研发与应用。

示例：

公司高度重视 4G 网络的节能减排，制定 4G 设备节能分级标准，及时向设备制造商提出《无线网节能技术要求》，提高采购评分权重，推动大幅降低 4G 设备的能耗。在 2013 年 TD-LTE 集中采购中，供应商室内基带处理单元（BBU）每载频能耗较上年最大降幅为 71%。

——《中国移动 2013 年可持续发展报告》(P38)

|核心指标| E3.11 废弃物回收的措施及绩效（蓄电池、通信设备、线缆、电子设备、固网终端产品等）

指标解读：该指标是指在报告期内企业回收废弃物的措施以及取得的成绩。

示例：

交由专业第三方回收处置的废弃物（2013 年）

指标名称	重量（吨）	价值（万元）
网络类	**31528**	**16322**
蓄电池	16462	5998
通信设备	11264	7929
线缆类	1645	1169
包装类	303	175
其他	1854	1051
办公类	**842**	**1401**
电子设备	641	692
废品类	201	709
终端类	**13**	**55**

——《中国移动 2013 年可持续发展报告》(P50)

核心指标　E3.12 推广绿色包装的措施和成效

指标解读：绿色包装又称为无公害包装和环境之友包装，指对生态环境和人类健康无害，能重复使用和再生，符合可持续发展的包装。

> **示例**：
> 　　公司联合多家设备制造商，合作研发通信产品绿色包装解决方案、循环应用评估办法及模型，有效解决金属、塑料、纸质周转架、周转托盘、周转箱等材料。2013年机电产品包装节材伐木量超过10万立方米，获工信部机电产品包装节材伐木示范单位称号。
> ——《中国移动2013年可持续发展报告》（P17）

（四）环境友好（E4）

环境友好主要包括应对气候变化、绿色生态、环保解决方案、环保公益四个板块，每个板块又分为若干指标。

核心指标　E4.1 应对气候变化的制度与措施

指标解读：该指标是指企业在面对气候变暖、气候恶化等情况下，采取一系列措施来应对气候变化。

核心指标　E4.2 减少温室气体排放的计划及行动

指标解读：温室气体指任何会吸收和释放红外线辐射并存在大气中的气体。京都议定书中控制的6种温室气体为：二氧化碳（CO_2）、甲烷（CH_4）、氧化亚氮（N_2O）、氢氟碳化合物（HFCs）、全氟碳化合物（PFCs）、六氟化硫（SF_6）。

扩展指标　E4.3 温室气体排放量及减排量

指标解读：关于温室气体的核算，可参考ISO14064温室气体排放核算、验证标准，也可参考国家相关机构发布的核算指南。

示例：

指标名称	2011 年	2012 年	2013 年
CO_2 排放总量（百万吨）	10.53	11.63	12.22
碳排放强度（t CO_2e/万元）	0.186	0.190	0.185

注：CO_2 的换算方法是以能源消耗量乘以相应的 CO_2 排放因子。电力 CO_2 排放因子是根据国家发展和改革委员会公布的《2013 中国区域电网基准线排放因子》中各区域电量排放因子（OM）与容量边际排放因子（BM）为基础所计算的平均值。其余能源 CO_2 排放因子取自北京市发展和改革委员会《北京市企业（单位）二氧化碳核算和报告指南（2013 版）》。根据调整后系数，对历史数据进行了修订。

——《中国移动 2013 年可持续发展报告》（P50）

扩展指标 E4.4 在工程建设中保护自然栖息地、湿地、森林、野生动物廊道、农业用地

指标解读： 该指标主要指企业在新建项目中采取措施保护自然栖息地、湿地、森林、野生动物廊道、农业用地。

示例：

公司在网络建设方面注重兼顾人与自然的和谐相处。在进行野外通信路由勘察时，避开矿藏、森林、草原、野生动物、自然遗迹、人文遗迹、自然保护区、风景名胜区；敷设光缆时，采用先进技术，将光缆直接从障碍下方通过，避免改变周围环境。

——《中国联通 2013 年社会责任报告》（P53）

核心指标 E4.5 研发推广环保解决方案的措施和成效

指标解读： 该指标是指物联网、云计算和移动互联网的发展使随时随地的感知和连接成为可能，电信服务企业积极利用相关技术，为客户提供绿色信息化解决方案，助力社会环保。

示例：

在河北省，公司开发了"河北环境质量和污染源在线自动监控系统"，帮助环保部门对河北全省造纸、化工等行业的千余家排污企业和数百个环境

质量监测站点进行监控,将监控漏洞和死角统一纳入监控网络中。

——《中国移动2013年可持续发展报告》(P40)

核心指标 E4.6 支持环保公益活动的措施和成效

指标解读:环保公益活动是指企业出人、出物或出钱赞助和支持某项环保公益事业的活动。成效是指企业志愿者参与环保公益的次数、人数等。

示例:

中国移动在2005年启动了"绿箱子环保计划",在营业厅及合作伙伴的营业场所摆放绿箱子回收箱,对废旧手机及配件进行回收,并委托专业公司进行再利用和无害化处理。2013年6月,公司深入开展"'绿箱子'环保志愿服务月"活动,共有近60000名青年员工走上街头、走进校园和社区,宣传绿色环保理念,共计回收15000余块废旧手机电池和配件,志愿服务总时长超过十万小时。

——《中国移动2013年可持续发展报告》(P40)

六、报告后记(A系列)

报告后记部分主要包括对未来计划、报告评价、参考及索引、读者意见反馈四个方面。

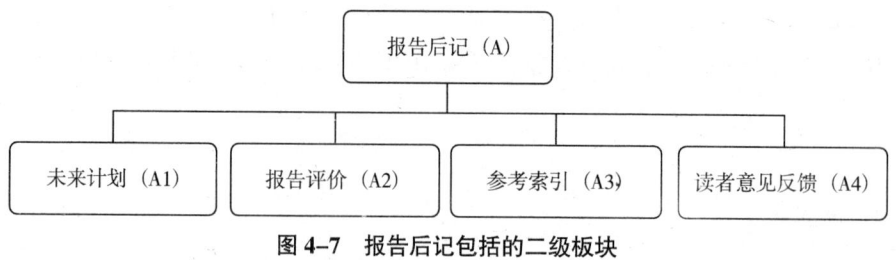

图4-7 报告后记包括的二级板块

（一）未来计划

本部分主要描述企业对公司社会责任工作四个方面（责任管理、市场绩效、社会绩效和环境绩效）的展望与规划。

> **示例：**
>
> **2014 年展望**
>
> **和股东共创可持续价值**
>
> ● 至年底建成全球最大的 4G 网络，TD-LTE 基站数超过 50 万个，实现主要城市连续覆盖。
>
> ● 推进苏州、杭州研发中心建设，加快改革转型与布局，拓展新的业务增长点。
>
> ● 继续强化腐败防范与查处，提升运营健康度与透明度。
>
> **和价值链共谋创新发展**
>
> ● 以 TD-LTE 商用为契机，持续引领 TD 系列技术标准的研发和产业化。
>
> ● 逐步应用新的认证模板，全面审查管理供应商履责情况，并组织开展合作伙伴履责管理培训。
>
> **和客户共享安心服务**
>
> ● 继续对网络实施有针对性的建设和优化，改善客户整体服务感知。
>
> ● 加大监督检查力度，确保"金库模式"和客户信息模糊化操作 100% 实施到位。
>
> ● 着重改善存量客户、流量客户、集团客户等重点客户群在关键环节的客户感知。
>
> ● 优化服务流程，保持与客户沟通渠道畅通，百万客户申诉率继续保持行业最低。
>
> **和员工共促和谐成长**
>
> ● 制定并下发《中国移动通信机房楼、通信基站、营业场所安全管理办法》。
>
> ● 员工体检率达到 92%，制定并下发《中国移动 EAP 发展规划》，指导 EAP 工作开展。

- 各省公司、地市分公司模范职工之家创建率达到75%。

和社区共筑美好家园
- 严格辐射管理,加强辐射信息公开,拓展更有效的沟通机制。
- 年内完成对11000名中西部农村中小学校长的培训,捐建200个爱心图书馆和190个多媒体教室。救治850名贫困先心病儿童。

和环境共赢绿色明天
- 实现单位信息流量综合能耗下降13.5%,推进智能节电功能的广泛应用,扩大无机房基站和MCPA应用规模。
- 发挥公司技术优势,使用更多信息化手段向社会公众传播绿色理念,提供绿色解决方案。

专题:城乡共享信息化未来
- 继续支持"村村通电话工程",将电话与宽带服务带至更多边远地区。
- 为弱势群体提供更多行之有效的专属服务,开发更多符合其需求的通信产品。
- 利用4G网络技术,开发多样化应用,将物联网和移动互联网技术应用于更多生活服务,帮助相关行业转型发展。

——《中国移动2013年可持续发展报告》(P54~55)

(二) 报告评价

报告评价指社会责任专家或行业专家,利益相关方或专业机构对报告的评价。报告评价主要有以下四种形式:

- 专家点评,即由社会责任研究专家或行业专家对企业社会责任报告的科学性、可信性以及报告反映的企业社会责任工作信息进行点评;
- 利益相关方评价,即由企业的利益相关方(股东、客户、供应商、员工、合作伙伴等)对企业社会责任报告的科学性、可信性以及报告反映的企业社会责任工作信息进行评价;
- 报告评级,即由"中国企业社会责任报告评级专家委员会"从报告的完整性、实质性、平衡性、可比性、可读性和创新性等方面对报告做出评价,出具评级报告。
- 报告审验,即由专业机构对企业社会责任报告进行审验。

(三) 参考索引

本部分主要描述企业对本报告编写参考指南的应用情况，即对本报告编写参考指南要求披露的各条信息企业进行披露的情况。

模板：《CASS-CSR3.0 报告编写指南》指标索引

	指标编号	指标描述	披露位置	披露情况
报告前言	1.1	报告可靠性保证	封面	完全采用
	1.2	报告的组织范围	P1	完全采用
	……	……	……	……
责任管理	G1.1	企业理念、愿景价值观	P…	完全采用
	G1.2	风险、机遇及可持续发展分析	P…	部分采用
	……	……	……	……
市场绩效	M1.1	投资者关系管理体系	P…	完全采用
	M1.2.1	成长性	P…	完全采用
	……	……	……	……
社会绩效	S1.1.1	对国家经济、社会和环境政策的实施情况	P…	完全采用
	S1.2.1	企业纳税总额	P…	完全采用
	……	……	……	……
环境绩效	E1.1	企业环境管理体系	P…	完全采用
	E1.2	对员工进行培训的制度、措施与绩效	P…	部分采用
	……	……	……	……

(四) 读者意见反馈

本部分主要内容为读者意见调查表，以及读者意见反馈的渠道。

模板：

为了持续改进××公司社会责任工作及社会责任报告编写工作，我们特别希望倾听您的意见和建议。请您协助完成意见反馈表中提出的相关问题，并传真到+86-××-××××××××。您也可以选择通过网络（http://www.×××.com）回答问题。

1. 报告整体评价（请在相应位置打"√"）

选项	很好	较好	一般	较差	很差
1. 本报告全面、准确地反映了××公司的社会责任工作现状					
2. 本报告对利益相关方所关心的问题进行回应和披露					
3. 本报告披露的信息数据清晰、准确、完整					
4. 本报告的可读性，即报告的逻辑主线、内容设计、语言文字和版式设计					

2. 您认为本报告最让您满意的方面是什么？

3. 您认为还有哪些您需要了解的信息在本报告中没有反映？

4. 您对我们今后的社会责任工作及社会责任报告发布有何建议？

如果方便，请告诉我们关于您的信息：

姓　　名：

职　　业：

机　　构：

联系地址：

邮　　编：

E-mail：

电　　话：

传　　真：

我们的联系方式：

××公司××部门

中国××省（市）××区××路××号

邮政编码：××××××

电话：+86-××-×××××××
传真：+86-××-×××××××
E-mail：××@××.com

第五章 指标速查

一、行业特征指标表（43个）

指标名称	定性指标（●） 定量指标（⊕）	核心指标（★） 扩展指标（☆）
市场绩效部分（28个）		
保护客户信息安全与隐私的制度与措施	●/⊕	★
保护客户消费服务知情权的制度与措施	●/⊕	★
提供多样化的客户服务渠道	●	★
保障网络服务质量的制度与措施	●	★
网络建设及升级投入	⊕	★
网络覆盖率	⊕	★
通信网络接通率	⊕	★
通信网络掉话率	⊕	★
国际漫游业务覆盖范围	●/⊕	★
宽带互联网用户数及市场份额	⊕	★
确保通信安全的制度与措施	●	★
垃圾短信治理措施及治理量	●/⊕	★
手机恶意软件治理措施及治理量	●/⊕	★
防治电话诈骗的措施及成效	●/⊕	★
净化宽带网络及移动网络环境的政策或措施	●	★
网络安全宣传教育措施及成效	●/⊕	★
保障儿童、青少年上网安全的制度与措施	●	★
确保应急网络通信的制度与措施	●	★
全年累计完成应急通信保障次数	⊕	★
全年出动应急通信保障人次	⊕	★

续表

指标名称	定性指标（●） 定量指标（⊕）	核心指标（★） 扩展指标（☆）
特殊人群（老人、残疾人、儿童等）通信服务的制度与措施	●/⊕	★
针对低收入者的产品和服务	●	★
促进农村和边远地区通信发展的制度与措施	●/⊕	★
农村和边远地区网络覆盖数量	⊕	★
农村和边远地区网络接通率	⊕	★
农村和边远地区网络掉话率	⊕	★
确保少数民族地区特色通信产品与服务的制度与措施	●/⊕	★
支持信息化的措施及成效（包括企业、行业、政务、生活等领域）	●/⊕	☆
社会绩效部分（2个）		
电磁辐射管理	●	★
与社区成员沟通电磁辐射的措施	●	☆
环境绩效部分（13个）		
单位信息流量综合能耗	⊕	★
单位业务量耗电量	⊕	★
基站每载频耗电量	⊕	★
基站节能技术研发与应用	●	★
基站节能技术覆盖率	⊕	★
电信基础设施共建共享的措施及成效	●/⊕	★
推广新能源基站的措施及成效	●/⊕	☆
推广无机房基站的措施及成效	●/⊕	☆
通信机房节能技术研发与应用	●	★
通信机房节能技术覆盖率	⊕	★
推广电子业务的制度和措施	●	★
电子渠道业务办理量	⊕	★
废弃物回收的措施及绩效（蓄电池、通信设备、线缆、电子设备、固网终端产品等）	●/⊕	★

二、核心指标表（128个）

指标名称	定性指标（●） 定量指标（⊕）	核心指标（★） 扩展指标（☆）
第一部分：报告前言（P系列）		
(P1) 报告规范		
P1.2 报告信息说明	●	★
P1.3 报告边界	●	★
P1.4 报告体系	●	★
P1.5 联系方式	●	★
(P2) 报告流程		
P2.2 报告实质性议题选择程序	●	★
(P3) 高管致辞		
P3.1 企业履行社会责任的机遇和挑战	●	★
P3.2 企业年度社会责任工作成绩与不足的概括总结	●	★
(P4) 企业简介		
P4.1 企业名称、所有权性质及总部所在地	●	★
P4.2 企业主要品牌、产品及服务	●	★
P4.3 企业运营地域及运营架构，包括主要部门、运营企业、附属及合营机构	●	★
P4.4 按产业、顾客类型和地域划分的服务市场	●/⊕	★
P4.5 按雇佣合同（正式员工和非正式员工）和性别分别报告从业员工总数	⊕	★
(P5) 年度进展		
P5.1 年度社会责任重大工作	●/⊕	★
P5.2 年度责任绩效	⊕	★
P5.3 年度责任荣誉	●/⊕	★
第二部分：责任管理（G系列）		
(G1) 责任战略		
G1.1 社会责任理念、愿景及价值观	●	★
G1.3 辨识企业的核心社会责任议题	●	★
(G2) 责任治理		
G2.3 建立社会责任组织体系	●	★
G2.4 社会责任组织体系的职责与分工	●	★
(G4) 责任绩效		

续表

指标名称	定性指标（●） 定量指标（⊕）	核心指标（★） 扩展指标（☆）
G4.4 企业在经济、社会或环境领域发生的重大事故，受到的影响和处罚以及企业的应对措施	●/⊕	★
（G5）责任沟通		
G5.1 企业利益相关方名单	●	★
G5.3 利益相关方的关注点和企业的回应措施	●	★
G5.4 企业内部社会责任沟通机制	●	★
G5.5 企业外部社会责任沟通机制	●	★
G5.6 企业高层领导参与的社会责任沟通与交流活动	●/⊕	★
（G6）责任能力		
G6.4 通过培训等手段培育负责任的企业文化	●/⊕	★
第三部分：市场绩效（M系列）		
（M1）股东责任		
M1.1 股东参与企业治理的政策和机制	●	★
M1.2 保护中小投资者权益	●	★
M1.3 规范信息披露	●/⊕	★
M1.4 成长性	⊕	★
M1.5 收益性	⊕	★
M1.6 安全性	⊕	★
（M2）客户责任		
M2.1 客户关系管理体系	●	★
M2.2 消费者产品和服务知识普及	●/⊕	★
M2.3 保护客户信息安全与隐私的制度与措施	●/⊕	★
M2.4 保护客户消费服务知情权的制度与措施	●/⊕	★
M2.5 广告宣传合规	●	★
M2.6 提供多样化的客户服务渠道	●	★
M2.7 推进产品和服务创新的制度与措施	●/⊕	★
M2.9 保障网络服务质量的制度与措施	●	★
M2.10 网络建设及升级投入	⊕	★
M2.11 网络覆盖率	⊕	★
M2.12 通信网络接通率	⊕	★
M2.13 通信网络掉话率	⊕	★
M2.14 国际漫游业务覆盖范围	●/⊕	★
M2.15 宽带互联网用户数及市场份额	⊕	★
M2.16 确保通信安全的制度与措施	●	★
M2.17 垃圾短信治理措施及治理量	●/⊕	★
M2.18 手机恶意软件治理措施及治理量	●/⊕	★
M2.19 防治电话诈骗的措施及成效	●/⊕	★

续表

指标名称	定性指标（●） 定量指标（⊕）	核心指标（★） 扩展指标（☆）
M2.20 净化宽带网络及移动网络环境的政策或措施	●	★
M2.21 网络安全宣传教育措施及成效	●/⊕	★
M2.22 保障儿童、青少年上网安全的制度与措施	●	★
M2.23 确保应急网络通信的制度与措施	●	★
M2.24 全年累计完成应急通信保障次数	⊕	★
M2.25 全年出动应急通信保障人次	⊕	★
M2.26 特殊人群（老人、残疾人、儿童等）通信服务的制度与措施	●/⊕	★
M2.27 针对低收入者的产品和服务	●	★
M2.28 促进农村和边远地区通信发展的制度与措施	●/⊕	★
M2.29 农村和边远地区网络覆盖数量	⊕	★
M2.30 农村和边远地区网络接通率	⊕	★
M2.31 农村和边远地区网络掉话率	⊕	★
M2.32 确保少数民族地区特色通信产品与服务的制度与措施	●/⊕	★
M2.34 客户投诉解决方案及客户投诉解决率	●/⊕	★
M2.35 客户满意度调查及客户满意度	●/⊕	★
(M3) 价值链责任		
M3.1 战略共享机制及平台	●	★
M3.2 诚信经营的理念与制度保障	●	★
M3.3 公平竞争的理念及制度保障	●	★
M3.4 经济合同履约率	⊕	★
M3.7 责任采购的制度及（或）方针	●	★
M3.9 供应商通过质量、环境和职业健康安全管理体系认证的比率	⊕	★
(M4) 科技与信息化		
M4.1 推动通信技术研发的制度或措施	●/⊕	★
M4.2 科技或研发投入	⊕	★
第四部分：社会绩效（S系列）		
(S1) 政府责任		
S1.1 企业守法合规体系	●	★
S1.2 守法合规培训	●/⊕	★
S1.3 禁止商业贿赂和商业腐败	●	★
S1.5 纳税总额	⊕	★
S1.6 响应国家政策	●	★
S1.7 确保就业及（或）带动就业的政策或措施	●	★
S1.8 报告期内吸纳就业人数	⊕	★

续表

指标名称	定性指标（●） 定量指标（⊕）	核心指标（★） 扩展指标（☆）
(S2) 员工责任		
S2.1 劳动合同签订率	⊕	★
S2.3 民主管理	●	★
S2.8 按运营地划分员工最低工资和当地最低工资的比例	⊕	★
S2.9 社会保险覆盖率	⊕	★
S2.12 按雇佣性质（正式、非正式）划分的福利体系	●	★
S2.13 中高层女性管理者比例	⊕	★
S2.17 职业安全防护制度	●	★
S2.18 职业安全健康培训	●/⊕	★
S2.19 安全应急管理机制	●	★
S2.20 员工伤亡人数	⊕	★
S2.22 体检及健康档案覆盖率	⊕	★
S2.24 员工职业发展通道	●	★
S2.25 员工培训体系	●	★
S2.26 员工培训绩效	⊕	★
S2.27 困难员工帮扶措施及投入	●/⊕	★
(S3) 社区责任		
S3.1 电磁辐射管理	●	★
S3.4 员工本地化政策及绩效	●/⊕	★
S3.6 企业公益方针或主要公益领域	●	★
S3.9 捐献总额	⊕	★
S3.10 支持志愿者活动的政策、措施	●	★
S3.11 员工志愿者活动绩效	⊕	★
第五部分：环境绩效（E 系列）		
(E1) 环境管理		
E1.1 建立环境管理组织体系和制度体系	●	★
E1.4 环保总投资	⊕	★
E1.5 环保培训与宣教	●	★
E1.6 环保培训绩效	⊕	★
E1.8 按类型划分的全年能源消耗总量（如汽油、柴油、天然气、电能、新能源等）	⊕	★
E1.9 单位信息流量综合能耗	⊕	★
E1.10 单位业务量耗电量	⊕	★
E1.11 基站每载频耗电量	⊕	★
(E2) 绿色网络		
E2.1 基站节能技术的研发与应用	●	★

续表

指标名称	定性指标（●） 定量指标（⊕）	核心指标（★） 扩展指标（☆）
E2.2 基站节能技术覆盖率	⊕	★
E2.3 电信基础设施共建共享的措施及成效	●/⊕	★
E2.6 通信机房节能技术研发与应用	●	★
E2.7 通信机房节能技术覆盖率	⊕	★
（E3）绿色运营		
E3.1 推广电子业务的制度和措施	●	★
E3.2 电子渠道业务办理量	⊕	★
E3.3 绿色办公政策或措施	●	★
E3.6 支持绿色采购的制度与措施	●	★
E3.7 供应商通过ISO14000环境管理体系认证的比例	⊕	★
E3.11 废弃物回收的措施及绩效（蓄电池、通信设备、线缆、电子设备、固网终端产品等）	●/⊕	★
E3.12 推广绿色包装的措施和成效	●/⊕	★
（E4）环境友好		
E4.1 应对气候变化的制度与措施	●	★
E4.2 减少温室气体排放的计划及行动	●/⊕	★
E4.5 研发推广环保解决方案的措施和成效	●/⊕	★
E4.6 支持环保公益活动的措施和成效	●/⊕	★
第六部分：报告后记（A系列）		
（A1）未来计划：公司对社会责任工作的规划	●/⊕	★
（A2）报告评价：社会责任专家或行业专家、利益相关方或专业机构对报告的评价	●	★
（A4）读者意见反馈：读者意见调查表及读者意见反馈渠道	●	★

三、通用指标表（195个）

指标名称	定性指标（●） 定量指标（⊕）	核心指标（★） 扩展指标（☆）
第一部分：报告前言（P系列）		
（P1）报告规范		
P1.1 报告质量保证程序	●	☆
P1.2 报告信息说明	●	★

续表

指标名称	定性指标（●） 定量指标（⊕）	核心指标（★） 扩展指标（☆）
P1.3 报告边界	●	★
P1.4 报告体系	●	★
P1.5 联系方式	●	★
(P2) 报告流程		
P2.1 报告编写流程	●	☆
P2.2 报告实质性议题选择程序	●	★
P2.3 利益相关方参与报告编写过程的程序和方式	●	☆
(P3) 高管致辞		
P3.1 企业履行社会责任的机遇和挑战	●	★
P3.2 企业年度社会责任工作成绩与不足的概括总结	●	★
(P4) 企业简介		
P4.1 企业名称、所有权性质及总部所在地	●	★
P4.2 企业主要品牌、产品及服务	●	★
P4.3 企业运营地域及运营架构，包括主要部门、运营企业、附属及合营机构	●	★
P4.4 按产业、顾客类型和地域划分的服务市场	●/⊕	★
P4.5 按雇佣合同（正式员工和非正式员工）和性别分别报告从业员工总数	⊕	★
P4.6 列举企业在协会、国家组织或国际组织中的会员资格或其他身份	●	☆
P4.7 报告期内关于组织规模、结构、所有权或供应链的重大变化	●	☆
(P5) 年度进展		
P5.1 年度社会责任重大工作	●/⊕	★
P5.2 年度责任绩效	⊕	★
P5.3 年度责任荣誉	●/⊕	★
第二部分：责任管理（G 系列）		
(G1) 责任战略		
G1.1 社会责任理念、愿景及价值观	●	★
G1.2 企业签署的外部社会责任倡议	●	☆
G1.3 辨识企业的核心社会责任议题	●	★
G1.4 企业社会责任规划	●/⊕	☆
(G2) 责任治理		
G2.1 社会责任领导机构	●	☆
G2.2 利益相关方与企业最高治理机构之间沟通的渠道或程序	●	☆
G2.3 建立社会责任组织体系	●	★

续表

指标名称	定性指标（●） 定量指标（⊕）	核心指标（★） 扩展指标（☆）
G2.4 社会责任组织体系的职责与分工	●	★
G2.5 社会责任管理制度	●	☆
（G3）责任融合		
G3.1 推进下属企业社会责任工作	●/⊕	☆
G3.2 推动供应链合作伙伴履行社会责任	●/⊕	☆
（G4）责任绩效		
G4.1 构建企业社会责任指标体系	●	☆
G4.2 依据企业社会责任指标进行绩效评估	●/⊕	☆
G4.3 企业社会责任优秀评选	●	☆
G4.4 企业在经济、社会或环境领域发生的重大事故、受到的影响和处罚以及企业的应对措施	●/⊕	★
（G5）责任沟通		
G5.1 企业利益相关方名单	●	★
G5.2 识别及选择核心利益相关方的程序	●	☆
G5.3 利益相关方的关注点和企业的回应措施	●	★
G5.4 企业内部社会责任沟通机制	●	★
G5.5 企业外部社会责任沟通机制	●	★
G5.6 企业高层领导参与的社会责任沟通与交流活动	●/⊕	★
（G6）责任能力		
G6.1 开展企业社会责任课题研究	●	☆
G6.2 参与社会责任研究和交流	●	☆
G6.3 参加国内外社会责任标准的制定	●	☆
G6.4 通过培训等手段培育负责任的企业文化	●/⊕	★
第三部分：市场绩效（M系列）		
（M1）股东责任		
M1.1 股东参与企业治理的政策和机制	●	★
M1.2 保护中小投资者权益	●	★
M1.3 规范信息披露	●/⊕	★
M1.4 成长性	⊕	★
M1.5 收益性	⊕	★
M1.6 安全性	⊕	★
（M2）客户责任		
M2.1 客户关系管理体系	●	★
M2.2 消费者产品和服务知识普及	●/⊕	★
M2.3 保护客户信息安全与隐私的制度与措施	●/⊕	★
M2.4 保护客户消费服务知情权的制度与措施	●/⊕	★
M2.5 广告宣传合规	●	★

续表

指标名称	定性指标（●） 定量指标（⊕）	核心指标（★） 扩展指标（☆）
M2.6 提供多样化的客户服务渠道	●	★
M2.7 推进产品和服务创新的制度与措施	●/⊕	★
M2.8 产品用户体验评估与调查	●/⊕	☆
M2.9 保障网络服务质量的制度与措施	●	★
M2.10 网络建设及升级投入	⊕	★
M2.11 网络覆盖率	⊕	★
M2.12 通信网络接通率	⊕	★
M2.13 通信网络掉话率	⊕	★
M2.14 国际漫游业务覆盖范围	●/⊕	★
M2.15 宽带互联网用户数及市场份额	⊕	★
M2.16 确保通信安全的制度与措施	●	★
M2.17 垃圾短信治理措施及治理量	●/⊕	★
M2.18 手机恶意软件治理措施及治理量	●/⊕	★
M2.19 防治电话诈骗的措施及成效	●/⊕	★
M2.20 净化宽带网络及移动网络环境的政策或措施	●	★
M2.21 网络安全宣传教育措施及成效	●/⊕	★
M2.22 保障儿童、青少年上网安全的制度与措施	●	★
M2.23 确保应急网络通信的制度与措施	●	★
M2.24 全年累计完成应急通信保障次数	⊕	★
M2.25 全年出动应急通信保障人次	⊕	★
M2.26 特殊人群（老人、残疾人、儿童等）通信服务的制度与措施	●/⊕	★
M2.27 针对低收入者的产品和服务	●	★
M2.28 促进农村和边远地区通信发展的制度与措施	●/⊕	★
M2.29 农村和边远地区网络覆盖数量	⊕	★
M2.30 农村和边远地区网络接通率	⊕	★
M2.31 农村和边远地区网络掉话率	⊕	★
M2.32 确保少数民族地区特色通信产品与服务的制度与措施	●/⊕	★
M2.33 百万客户申诉率	⊕	☆
M2.34 客户投诉解决方案及客户投诉解决率	●/⊕	★
M2.35 客户满意度调查及客户满意度	●/⊕	★
(M3) 价值链责任		
M3.1 战略共享机制及平台	●	★
M3.2 诚信经营的理念与制度保障	●	★
M3.3 公平竞争的理念及制度保障	●	★
M3.4 经济合同履约率	⊕	★

续表

指标名称	定性指标（●） 定量指标（⊕）	核心指标（★） 扩展指标（☆）
M3.5 识别并描述企业的价值链及责任影响	●	☆
M3.6 企业在促进价值链履行社会责任方面的倡议和政策	●	☆
M3.7 责任采购的制度及（或）方针	●	★
M3.8 供应商社会责任评估和调查的程序和频率	●/⊕	☆
M3.9 供应商通过质量、环境和职业健康安全管理体系认证的比率	⊕	★
M3.10 供应商受到经济、社会或环境方面处罚的个数/次数	⊕	☆
M3.11 协助供应商在经济、社会或环境方面绩效改进的措施及成效	●/⊕	☆
M3.12 带动价值链相关产业发展的理念与措施	●/⊕	☆
（M4）科技与信息化		
M4.1 推动通信技术研发的制度或措施	●/⊕	★
M4.2 科技或研发投入	⊕	★
M4.3 科技工作人员数量及比例	⊕	☆
M4.4 新增专利数	⊕	☆
M4.5 重大创新奖项	●	☆
M4.6 支持信息化的措施及成效（包括企业、行业、政务、生活等领域）	●/⊕	☆
第四部分：社会绩效（S系列）		
（S1）政府责任		
S1.1 企业守法合规体系	●	★
S1.2 守法合规培训	●/⊕	★
S1.3 禁止商业贿赂和商业腐败	●	★
S1.4 企业守法合规审核绩效	⊕	☆
S1.5 纳税总额	⊕	★
S1.6 响应国家政策	●	★
S1.7 确保就业及（或）带动就业的政策或措施	●	★
S1.8 报告期内吸纳就业人数	⊕	★
（S2）员工责任		
S2.1 劳动合同签订率	⊕	★
S2.2 集体谈判与集体合同覆盖率	●/⊕	☆
S2.3 民主管理	●	★
S2.4 参加工会的员工比例	⊕	☆
S2.5 通过申诉机制申请、处理和解决员工申诉数量	●/⊕	☆
S2.6 雇员隐私管理	●	☆
S2.7 兼职工、临时工和劳务派遣工权益保护	●	☆

续表

指标名称	定性指标（●） 定量指标（⊕）	核心指标（★） 扩展指标（☆）
S2.8 按运营地划分员工最低工资和当地最低工资的比例	⊕	★
S2.9 社会保险覆盖率	⊕	★
S2.10 超时工作报酬的制度与措施	●/⊕	☆
S2.11 每年人均带薪年休假天数	⊕	☆
S2.12 按雇佣性质（正式、非正式）划分的福利体系	●	★
S2.13 中高层女性管理者比例	⊕	★
S2.14 少数民族或其他种族员工比例	⊕	☆
S2.15 残疾人雇佣率和雇佣人数	⊕	☆
S2.16 职业健康与安全委员会中员工的比例	⊕	☆
S2.17 职业安全防护制度	●	★
S2.18 职业安全健康培训	●/⊕	★
S2.19 安全应急管理机制	●	★
S2.20 员工伤亡人数	⊕	★
S2.21 员工心理健康制度或措施	●	☆
S2.22 体检及健康档案覆盖率	⊕	★
S2.23 向兼职工、劳务工和临时工及分包商职工提供同等的健康和安全保护	●/⊕	☆
S2.24 员工职业发展通道	●	★
S2.25 员工培训体系	●	★
S2.26 员工培训绩效	⊕	★
S2.27 困难员工帮扶措施及投入	●/⊕	★
S2.28 为特殊人群（如孕妇、哺乳妇女等）提供特殊保护	●/⊕	☆
S2.29 尊重员工家庭责任和业余生活，确保工作生活平衡	●/⊕	☆
S2.30 改善工作环境的措施及绩效	●/⊕	☆
S2.31 员工满意度	⊕	☆
S2.32 员工流失率	⊕	☆
（S3）社区责任		
S3.1 电磁辐射管理	●	★
S3.2 与社区成员沟通电磁辐射的措施	●	☆
S3.3 企业开发或支持运营所在社区中具有社会效益的项目	●	☆
S3.4 员工本地化政策及绩效	●/⊕	★
S3.5 本地化采购政策及绩效	●/⊕	☆
S3.6 企业公益方针或主要公益领域	●	★
S3.7 企业公益基金或基金会	●	☆

续表

指标名称	定性指标（●） 定量指标（⊕）	核心指标（★） 扩展指标（☆）
S3.8 海外公益	●/⊕	☆
S3.9 捐献总额	⊕	★
S3.10 支持志愿者活动的政策、措施	●	★
S3.11 员工志愿者活动绩效	⊕	★
第五部分：环境绩效（E系列）		
（E1）环境管理		
E1.1 建立环境管理组织体系和制度体系	●	★
E1.2 项目环境影响评价	●/⊕	☆
E1.3 参与或加入的环保组织或倡议	●	☆
E1.4 环保总投资	⊕	★
E1.5 环保培训与宣教	●	★
E1.6 环保培训绩效	⊕	★
E1.7 环境信息公开	●	☆
E1.8 按类型划分的全年能源消耗总量（如汽油、柴油、天然气、电能、新能源等）	⊕	★
E1.9 单位信息流量综合能耗	⊕	★
E1.10 单位业务量耗电量	⊕	★
E1.11 基站每载频耗电量	⊕	★
（E2）绿色网络		
E2.1 基站节能技术研发与应用	●	★
E2.2 基站节能技术覆盖率	⊕	★
E2.3 电信基础设施共建共享的措施及成效	●/⊕	★
E2.4 推广新能源基站的措施及成效	●/⊕	☆
E2.5 推广无机房基站的措施及成效	●/⊕	☆
E2.6 通信机房节能技术研发与应用	●	★
E2.7 通信机房节能技术覆盖率	⊕	★
（E3）绿色运营		
E3.1 推广电子业务的制度和措施	●	★
E3.2 电子渠道业务办理量	⊕	★
E3.3 绿色办公政策或措施	●	★
E3.4 绿色办公绩效	⊕	☆
E3.5 绿色建筑和营业网点	●/⊕	☆
E3.6 支持绿色采购的制度与措施	●	★
E3.7 供应商通过ISO14000环境管理体系认证的比例	⊕	★
E3.8 提升供应商环境保护意识和能力的措施	●	☆
E3.9 供应商受到环保方面处罚的个数/次数	⊕	☆
E3.10 支持绿色低碳产品的研发与应用	●	☆

续表

指标名称	定性指标（●） 定量指标（⊕）	核心指标（★） 扩展指标（☆）
E3.11 废弃物回收的措施及绩效（蓄电池、通信设备、线缆、电子设备、固网终端产品等）	●/⊕	★
E3.12 推广绿色包装的措施和成效	●/⊕	★
（E4）环境友好		
E4.1 应对气候变化的制度与措施	●	★
E4.2 减少温室气体排放的计划及行动	●/⊕	★
E4.3 温室气体排放量及减排量	⊕	☆
E4.4 在工程建设中保护自然栖息地、湿地、森林、野生动物廊道、农业用地	●/⊕	☆
E4.5 研发推广环保解决方案的措施和成效	●/⊕	★
E4.6 支持环保公益活动的措施和成效	●/⊕	★
第六部分：报告后记（A系列）		
（A1）未来计划：公司对社会责任工作的规划	●/⊕	★
（A2）报告评价：社会责任专家或行业专家、利益相关方或专业机构对报告的评价	●	★
（A3）参考索引：对本指南要求披露指标的采用情况	●	☆
（A4）读者意见反馈：读者意见调查表及读者意见反馈渠道	●	★

管理篇

第六章 报告全生命周期管理

社会责任报告全生命周期管理是指企业在社会责任报告编写和使用的全过程中对报告进行全方位的价值管理,充分发挥报告在利益相关方沟通、公司社会责任绩效监控方面的作用,将报告作为提升公司社会责任管理水平的有效工具。社会责任报告全生命周期管理涉及组织、参与、界定、启动、撰写、发布和反馈7个过程要素,如图6-1所示。

(1)组织:建立社会责任报告编写的组织体系并监控报告编写过程;
(2)参与:利益相关方参与报告编写全过程;
(3)界定:确定报告的边界和实质性议题;
(4)启动:召开社会责任报告编写培训会暨启动会;

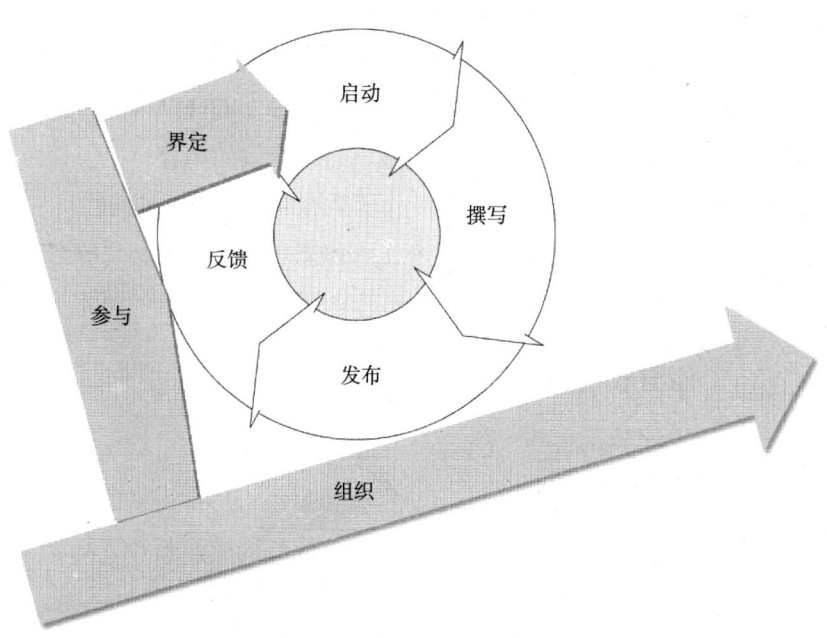

图6-1 企业社会责任报告全生命周期管理模型

(5) 撰写：搜集素材并撰写报告内容；

(6) 发布：确定发布形式和报告使用方式；

(7) 反馈：总结报告编写过程，向利益相关方进行反馈，并向企业内部各部门进行反馈。

其中，组织和参与是社会责任报告编写的保证，贯穿报告编写的全部流程。界定、启动、撰写、发布和反馈构成一个闭环的流程体系，通过持续改进报告编制流程，从而提升报告质量和公司社会责任管理水平。

一、组织

（一）建立工作组的原则

建立科学有效的社会责任报告工作组是报告编写的保障。建立工作组遵循以下原则：

(1) 关键领导参与：关键领导参与可以将社会责任报告与公司发展战略进行更好的融合，同时保障社会责任报告编写计划能够顺利执行；

(2) 外部专家参与：外部专家参与可以提供独立的视角，保障报告的科学性和规范性，能够将外部专业性和内部专业性进行有效的结合；

(3) 核心工作团队稳定：稳定的工作团队有助于工作的连续性；

(4) 核心工作团队紧密联系：核心工作团队可通过定期会议等形式保持紧密联系。

（二）工作组成员组成

社会责任报告工作组成员分为核心团队和协作团队两个层次。其中，核心团队的主要工作是制订报告编写计划、进行报告编写；协作团队的主要工作是为核心团队提供报告编写素材和建议。工作组具体成员构成如图6-2所示。

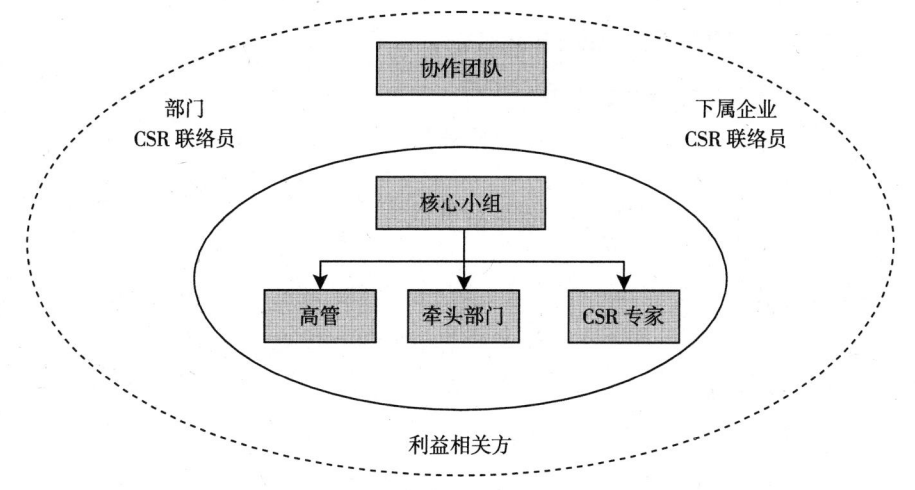

图6-2 企业社会责任报告编写工作组构成

(三) 工作组成员分工与职责

社会责任报告工作组成员构成既包括外部专家,也包括内部职能部门,既包括高层领导,也包括下属企业。在报告编写的前期、中期和后期,各成员分工和职责如图6-3所示。

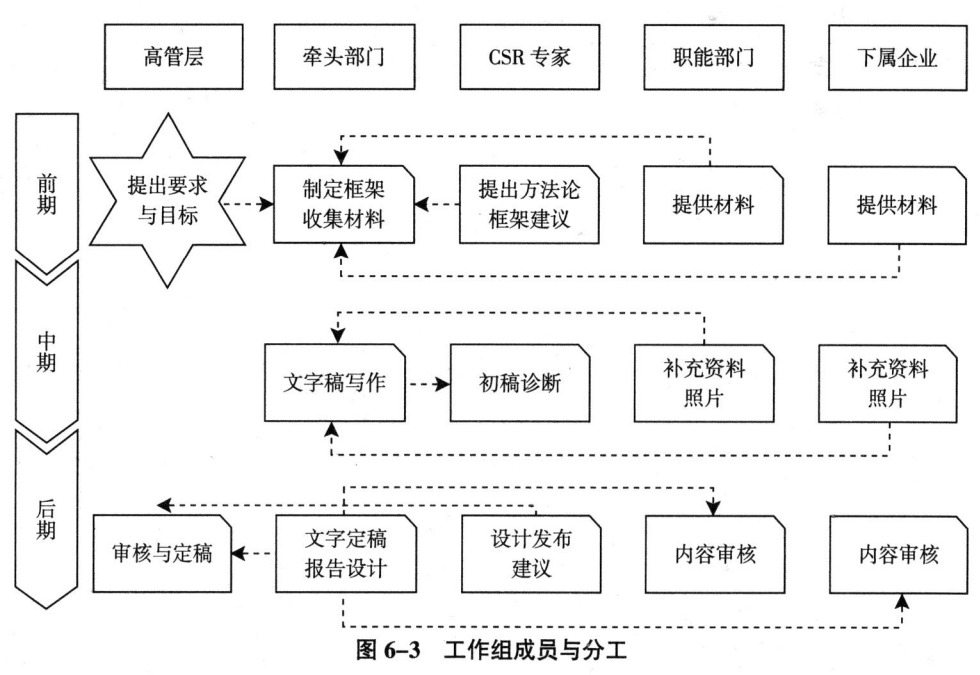

图6-3 工作组成员与分工

案例：华润集团报告编写组织体系

华润集团在社会责任报告编写过程中建立了由集团董事办牵头组织、其他部室和战略业务单元/一级利润中心共同参与的社会责任报告组织体系。集团董事办负责社会责任报告的报送、公告、宣传及推广工作，并组织集团有关部室、战略业务单元/一级利润中心成立报告编制小组，编制版位表，组织报告起草、内容指导、统筹协调、综合统稿、总结评价等工作。

华润集团2012年社会责任报告起草小组成员构成：

主报告：朱虹波、徐莲子、宋贵斌、周文涛、虞柏林、莫炳金、张娜、何叙之、杨坤（集团董事会办公室），章曦（战略管理部），刘辉（人力资源部），何书泉（法律事务部），王学艺（财务部）。

分报告：熊浪（华润五丰），孟兰君（华润饮料），张建春（华润医药），汪红、李宗弦（华润银行），吴志鹏（华润纺织），池丽春（华润物业）。

独立报告：姜艳、马少君（华润万家），姜宇（华润雪花啤酒），杜剑梅（华润电力）。

主报告有关章节责编：朱虹波、徐莲子、宋贵斌、周文涛、虞柏林。

分报告责编：熊浪、孟兰君、张建春、汪红、吴志鹏、池丽春。

策划、组织与统稿：朱虹波。

主编：朱金坤（华润集团副总经理、华润慈善基金会理事长）。

二、参与

企业在编写社会责任报告的过程中应积极邀请内外部利益相关方参与。参与过程涉及三个方面，如图6-4所示。

（1）参与目的：明确企业邀请利益相关方参与时要实现的价值，如了解期望、建立关系、借鉴其知识体系等；

（2）参与者：明确邀请哪类相关方参与以及邀请的具体人员；

（3）参与范围：明确相关方的参与时间和程度。

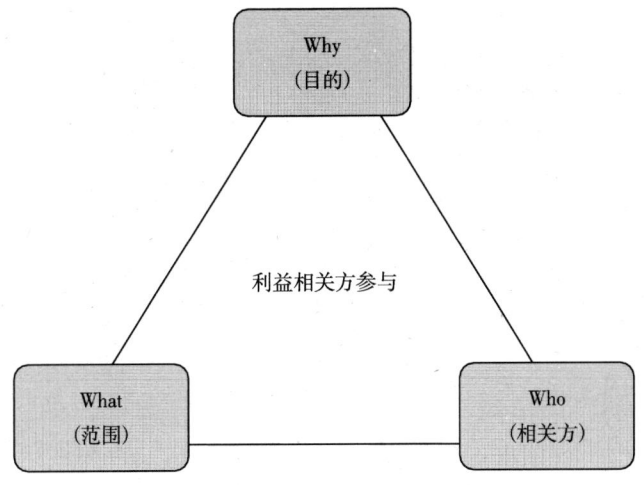

图 6-4 利益相关方参与报告编写的三要素

（一）利益相关方参与报告编写的价值

在报告编写过程中积极邀请外部利益相关方参与具有以下作用：

（1）通过参与了解利益相关方的期望，在社会责任报告中做出针对性回应；

（2）通过参与建立一种透明的关系，进而建立双方的信任基础；

（3）会集利益相关方的资源优势（知识、人力和技术），解决企业在编写社会责任报告过程中遇到的问题；

（4）通过参与过程学习利益相关方的知识和技能，进而提升企业的组织和技能；

（5）通过在报告编写过程中的坦诚、透明的沟通，影响利益相关方的观点和决策。

（二）识别利益相关方

利益相关方是指受企业经营影响或可以影响企业经营的组织或个人。企业的利益相关方通常包括政府、顾客、投资者、供应商、雇员、当地社区、NGO、竞争者、工会、媒体学者、行业协会等，如图 6-5 所示。

由于企业利益相关方较多，企业在选择参与对象时需按照利益相关方对企业的影响力以及利益相关方对企业的关注程度进行关键利益相关方识别，如图 6-6 所示。

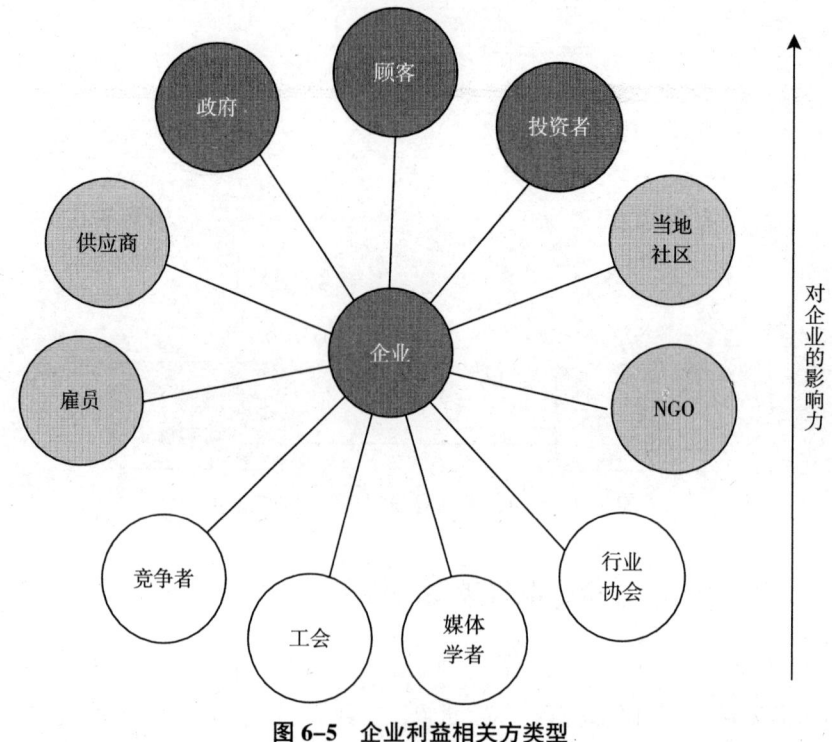

图 6-5 企业利益相关方类型

（1）对企业具有"高影响高关注"、"中影响高关注"、"高影响中关注"和"中影响中关注"的利益相关方，企业在编写社会责任报告过程中应积极邀请其参与；

（2）对企业具有"高影响低关注"的利益相关方，企业在编写社会责任报告过程中应争取让其参与；

（3）对企业具有"低影响高关注"的利益相关方，企业在编写社会责任报告过程中应尽量让其参与；

（4）对其他利益相关方，企业在社会责任报告编写完成后应履行告知义务。

（三）确定参与形式

在确定利益相关方参与人员后，应确定不同利益相关方的参与形式。按照参与程度划分，利益相关方参与社会责任报告编写主要有三种形式，即告知、咨询与合作，如表6-1所示。

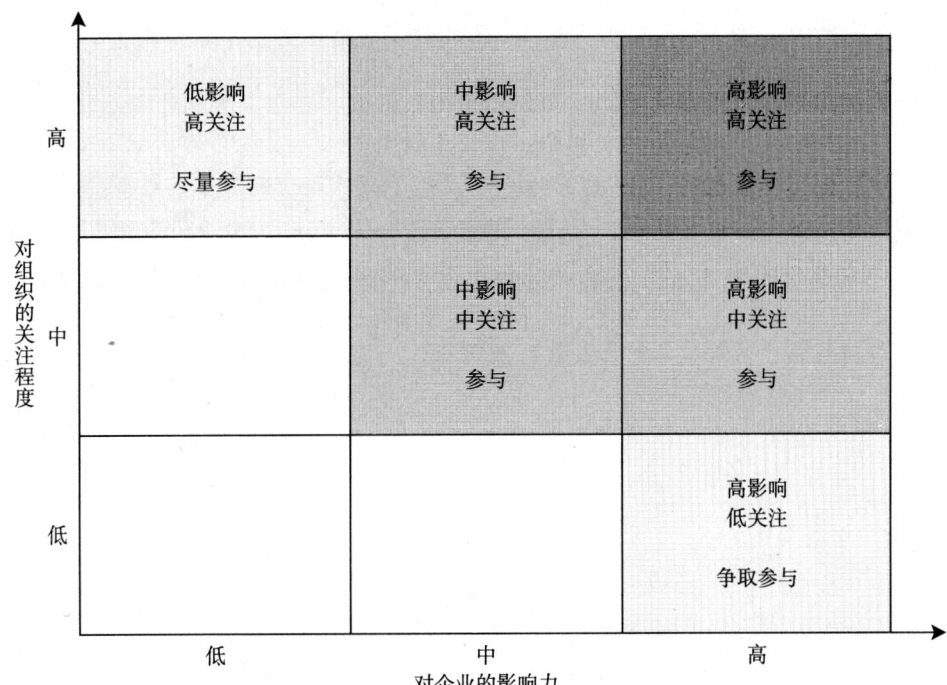

图 6-6 利益相关方筛选原则

表 6-1 利益相关方参与的形式和价值

	性质	形式	价值
告知	被动	①邮件 ②通信 ③简报 ④发布会	将报告编写过程和结果第一时间告诉利益相关方,与相关方建立透明的关系
咨询	积极	①问卷调查 ②意见征求会 ③专题小组 ④研讨会 ⑤论坛	针对性回应利益相关方的期望,倾听相关方意见,与相关方建立信任关系
合作	积极	①联合成立工作组 ②组成虚拟工作组	与利益相关方紧密合作,与相关方建立伙伴关系

案例:中国移动倾听利益相关方意见

中国移动高度重视利益相关方参与和沟通,将利益相关方关注的议题和期望作为社会责任报告的重点内容。中国移动在利益相关方参与和沟通方面的主要做法和经验有:

(1) 2010 年，中国移动制定《中国移动通信集团利益相关方沟通手册》，对利益相关方沟通的方式、流程和工具进行了规定，确保利益相关方参与和沟通有章可循；

(2) 在报告编制前召开利益相关方座谈会，倾听利益相关方对社会责任报告的意见和建议；

(3) 开设总裁信箱，总裁信箱设立两年来，近 3000 封来自客户、合作伙伴、员工的信件得到及时回复和妥善处理；

(4) 发布《中国移动每日舆情摘要》，对社会公众关注的热点问题及时跟踪和反馈；

(5) 积极举办客户接待日、媒体沟通会等利益相关方沟通活动。

三、界定

（一）明确报告组织边界

报告的组织边界是指与企业相关的哪些组织应纳入报告的披露范围。企业通常可以按照以下四个步骤确定报告的组织边界。

第一步：明确企业价值链

企业按照上游、中游和下游明确位于企业价值链的各个组织体，在明确价值链的基础上，列出与企业有关的组织体名单。一般来说，企业价值链主要构成组织体包括：

(1) 上游：当地社区、供应商；

(2) 中游：员工、股东、商业伙伴、NGO、研究机构；

(3) 下游：分销商、零售商、顾客。

第二步：根据"控制力"和"影响力"二维矩阵明确报告要覆盖的组织体

列出与企业有关的组织体名单后，企业应根据"企业对该组织体的控制力"和"该组织体活动对企业的影响"两个维度将企业分为以下四类，如图 6-7 所示。其中，A类、B类和C类三类组织体应纳入报告覆盖范围。

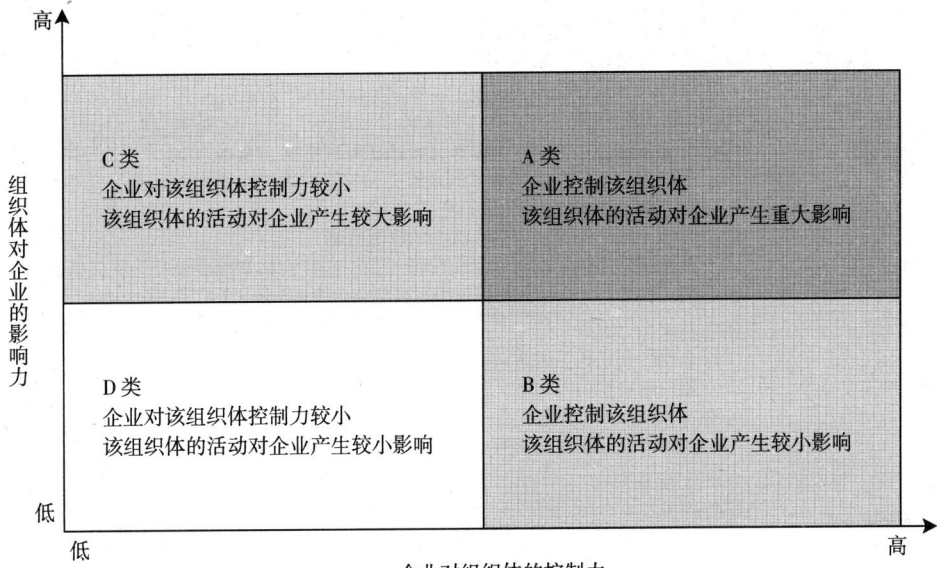

图 6-7　界定报告范围原则

第三步：确定披露深度

在明确报告覆盖范围后，应针对不同类别明确不同组织体的披露深度：

（1）对 A 类组织体：企业应披露对该组织体的战略和运营数据；

（2）对 B 类组织体：企业应披露对该组织体的战略和管理方法；

（3）对 C 类组织体：企业应披露对该组织体的政策和倡议。

第四步：制订披露计划

在确定披露深度后，企业应根据运营和管理的实际对不同组织体制订相应的披露计划。

（二）界定实质性议题

实质性议题，即关键性议题，是指可以对企业长期或短期运营绩效产生重大影响的决策或活动。企业可以按照以下三个步骤确定实质性议题。

第一步：议题识别

议题识别的目的是通过对各种背景信息的分析，确定与企业社会责任活动相关的议题清单。在议题识别过程中需要分析的信息类别和信息来源如表 6-2 所示。

表 6-2 议题识别的环境扫描

信息类别	信息来源
企业战略或经营重点	①企业经营目标、战略和政策 ②企业可持续发展战略和 KPI ③企业内部风险分析 ④企业财务报告等
报告政策或标准分析	①社会责任报告相关的国际标准，如 GRI 报告指南，ISO26000 ②政府部门关于社会责任报告的政策，如国务院国资委发布的《中央企业"十二五"和谐发展战略实施纲要》 ③上交所、深交所对社会责任报告的披露邀请 ④其他组织发布的社会责任报告标准，如中国社会科学院企业社会责任研究中心发布的《中国企业社会责任报告编写指南（CASS-CSR 3.0）》等
利益相关方分析	①利益相关方调查 ②综合性的利益相关方对话、圆桌会议等 ③专题型利益相关方对话 ④利益相关方的反馈意见等 ⑤与行业协会的沟通和交流
宏观背景分析	①国家政策 ②媒体关注点 ③公众意见调查 ④高校和研究机构出版的研究报告

第二步：议题排序

在识别出社会责任议题后，企业应根据"对企业可持续发展的影响度"和"对利益相关方的重要性"两个维度进行实质性议题排序，如图 6-8 所示。

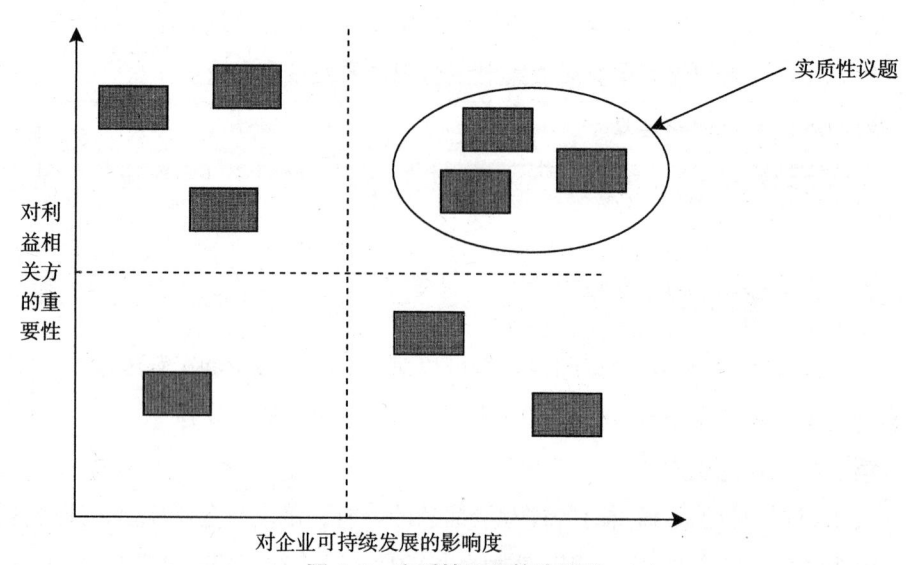

图 6-8 实质性议题筛选模型

第三步:议题审查

在明确实质性议题清单之后,企业应将确立的实质性议题征询内外部专家意见,并报高层管理者审批。

> **案例:斗山工程机械(中国)实质性议题选择**
>
> 2012年,斗山Infracore(中国)运用公司独有的评价模型,通过内部评估、外部单位评价以及利益相关方调研相结合的方式,导出公司目前的社会责任工作水平和到2013年末能够改善的社会责任核心议题及其优先顺序。模型评价结果显示中国在技术和革新、人才培养、组织文化/人权/劳动等部分获得较好的评价,但在客户价值、环境、企业伦理等部分需要改善。
>
>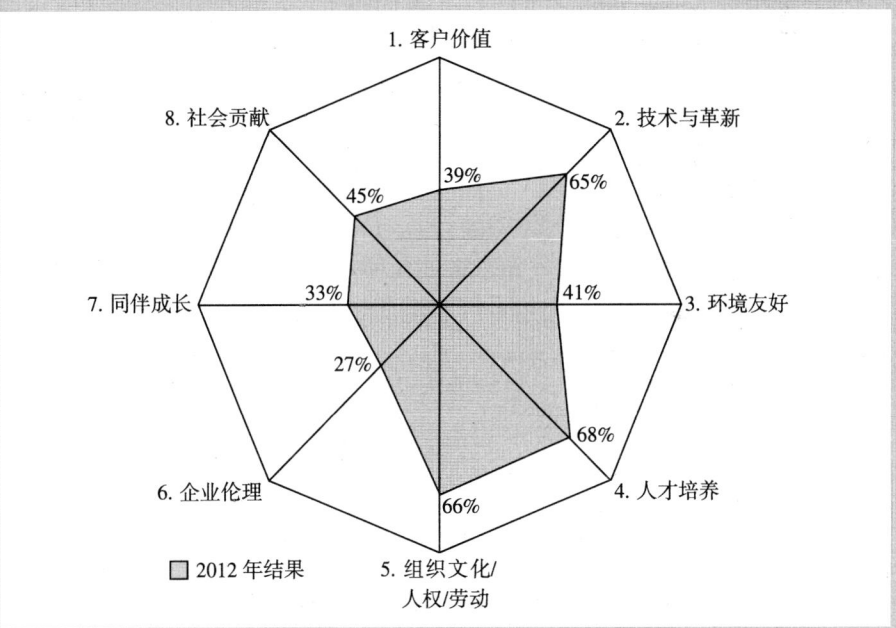
>
> 利益相关方调研则显示其共同认为客户价值、技术和革新、同伴成长、人才培养是企业经营的重要部分。通过议题筛选,斗山Infracore选择企业伦理、社会贡献、组织文化、环境友好部分的4个议题作为企业社会责任核心议题(韩国总部已成立专门的技术本部来促进技术和革新议题)。

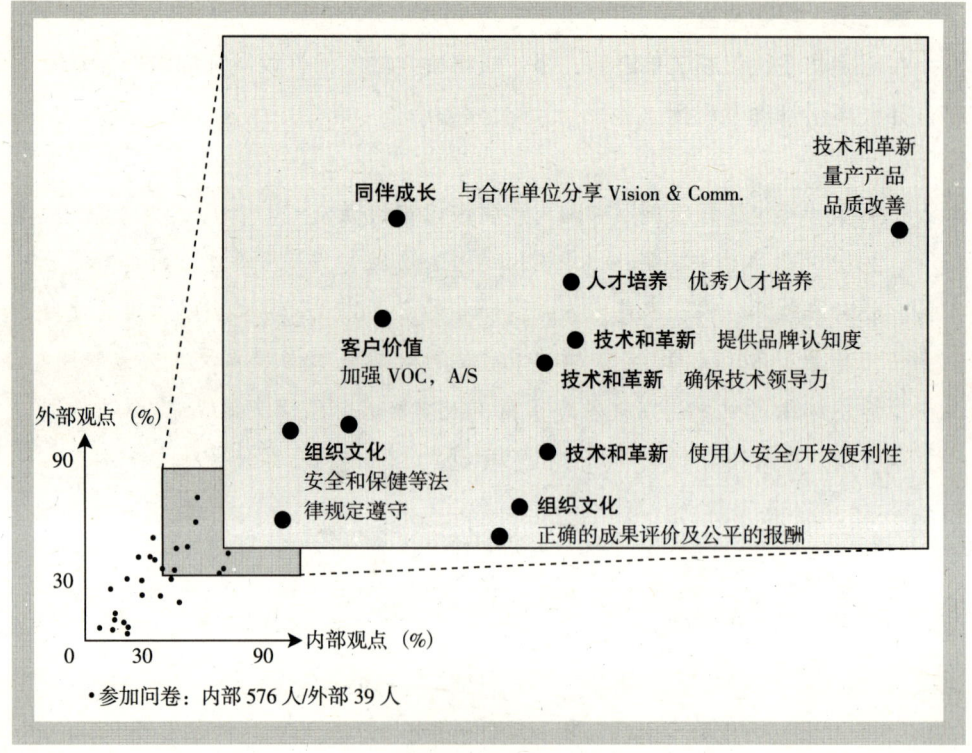

四、启动

(一) 召开社会责任报告培训会

召开社会责任报告培训会的目的是通过培训确保公司上下对社会责任报告的重要性、编写工作流程形成统一的认识。在组织报告编写培训会时应注意考虑以下因素:

(1) 培训会对象:企业社会责任联络人;

(2) 培训会讲师:外部专家和内部专家相结合;

(3) 培训课件:社会责任发展趋势和本企业社会责任规划相结合。

(二) 对社会责任报告编写任务进行分工

在培训启动会上,社会责任报告编写牵头组织部门应对报告编写任务进行分工,明确报告参与人员的工作要求和完成时间。

> **案例:中国黄金集团社会责任报告编写培训会**
>
> 2012年10月25日,中国黄金集团在北京举办社会责任培训班,集团下属50家主要生产企业社会责任专职工作人员参加了培训。培训期间邀请国资委研究局、中国社会科学院经济学部企业社会责任研究中心的领导和专家就国内外社会责任发展情况、社会责任理论等方面进行了讲解,集团公司社会责任主管部门负责人介绍了集团公司的社会责任工作情况,并对集团下一步社会责任工作提出了要求,确定了奋斗目标。培训收到了预期的效果,为集团全面推进社会责任工作奠定了坚实的基础。

五、撰写

充足、有针对性的素材是报告质量的保证。企业在收集报告编写素材时可采用但不限于以下方法:

(1) 下发部门资料收集清单;

(2) 对高层管理者、利益相关方进行访谈;

(3) 对下属企业进行调研;

(4) 对企业存量资料进行案头分析。

资料清单模板：××公司社会责任报告数据、资料需求清单

填报单位：人力资源部　　　　填报人：　　　　审核人：

1. 数据指标。

编号	指标	2008年	2009年	2010年	备注
1	员工总数（人）				
2	劳动合同签订率（%）				
⋮	⋮				

2. 文字材料。

（1）公平雇佣的理念、制度及措施。

（2）员工培训管理体系。

……

3. 图片及视频资料。

（1）员工培训的图片。

（2）文体活动图片。

……

4. 贵部门认为能够体现我公司社会责任工作的其他材料、数据及图片。

案例：北汽集团社会责任信息收集与调研

2013年，北汽集团启动首份社会责任报告编写工作。为确保资料收集质量，北汽集团采取下发"资料清单"和下属企业走访调研相结合的方式。2013年4~5月，项目共调研了北京现代、北京奔驰、湖南株洲公司、重庆北汽银翔等11家下属企业，收集了丰富的材料。

下属企业走访调研的方式可以收集到更多一手的材料，同时在调研过程中可以对企业在社会责任方面的疑问进行解答，是一种比较高质量的资料收集方式。

六、发布

(一) 确定报告格式

随着技术发展和公众阅读习惯的改变,企业社会责任报告的格式日趋多样性。目前,企业社会责任报告的形式主要有:

(1) 可下载的 PDF 格式;

(2) 互动性网络版;

(3) 印刷品出版物;

(4) 印刷简本;

(5) 网页版;

(6) 视频版;

(7) APP 版本。

不同的报告格式具有不同的优缺点和针对性,企业应根据以下因素确立最佳报告形式组合策略:

(1) 利益相关方的群体性;

(2) 不同利益相关方群体的关注领域;

(3) 不同利益相关方群体的阅读习惯;

(4) 人们阅读和沟通的发展趋势及技术发展趋势。

(二) 确定报告读者对象

社会责任报告的目标读者通常包括政府、投资机构、客户、员工、供应商、媒体、非政府组织、行业协会和一般公众。企业应根据自身情况确定目标读者对象。

(三) 确定发布形式

不同的发布形式具有不同的传播效果。通常,社会责任报告的发布形式主要有专项发布会、嵌入式发布会、网上发布、直接递送和邮件推送等，如表6-3所示。

表6-3 报告发布会类型

类　型	含　义
专项发布会	为社会责任报告举办专项发布会
嵌入式发布会	在其他活动中嵌入社会责任报告发布环节
网上发布	将社会责任报告放在互联网上并发布公司新闻稿
直接递送	将社会责任报告的印刷版直接递送给利益相关方
邮件推送	将公司社会责任报告电子版或网站链接通过邮件推送给利益相关方

案例：中国三星报告发布会

2013年3月18日，中国三星发布首份"中国三星社会责任报告书"。报告书在人才第一、顾客满足、诚信守法、追求共赢、绿色经营等方面展示了中国三星企业社会责任优秀的事例，在倾听中国社会声音的同时，承诺率先变为"开放的中国三星"。在发布会上，中国三星宣布2013年为中国三星企业社会责任（Corporate Social Responsibility，CSR）经营元年，旨在通过更高层次的CSR活动，与中国人民以及中国社会一起建设"美丽中国"。同时，为了实现"共享企业社会责任资源和力量"，中国三星与中国社会科学院经济学部企业社会责任研究中心签订了战略合作协议，成立"中国企业社会责任研究基地"。这是中国首家外资企业成立的社会责任研究基地，通过向中小企业开展"企业社会责任公益培训"，让更多的企业投身到履行社会责任的行列中。

七、反馈

在社会责任报告发布后，企业应总结本次报告编写过程，并向外部利益相关方和内部相关部门进行反馈。反馈的主要形式包括但不限于会议、邮件、通信等。反馈的内容主要是本次报告对内外部利益相关方期望的回应和未来行动计划。

第七章 报告质量标准

一、过程性

（一）定义

过程性即社会责任报告全生命周期管理，是指企业在社会责任报告编写和使用的全过程中对报告进行全方位的价值管理，充分发挥报告在利益相关方沟通、公司社会责任绩效监控中的作用，将报告作为提升公司社会责任管理水平的有效工具。

（二）解读

过程性涉及社会责任报告全生命周期管理中的组织、参与、界定、培训、编写、发布和反馈七个过程要素。其中，组织和参与是社会责任报告编写的保证，贯穿报告编写的全部流程。界定、培训、编写、发布和反馈构成一个闭环的流程体系，通过持续改进报告编制流程提升报告质量和公司社会责任管理水平。

（三）评估方式

编制报告过程中是否执行了报告管理全过程的规定性动作。

二、实质性

（一）定义

实质性是指报告披露企业可持续发展的关键议题以及企业运营对利益相关方的重大影响。利益相关方和企业管理者可根据实质性信息做出充分判断和决策，并采取可以影响企业绩效的行动。

（二）解读

企业社会责任议题的重要性和关键性受到企业经营特征的影响。具体来说，企业社会责任报告披露内容的实质性由企业所属行业、经营环境和企业的关键利益相关方等决定。

（三）评估方式

（1）内部视角：报告议题与企业经营战略的契合度；
（2）外部视角：报告议题是否回应了利益相关方的关注点。

> **案例：中国民生银行聚焦实质性议题**
> 《中国民生银行2012年社会责任报告》在编写过程中注重实质性议题的披露，报告主体部分分为"完善责任治理，加强责任沟通"、"推进流程改革，打造最佳银行"、"聚焦小微金融，开创发展蓝海"、"服务实体经济，致力金融普惠"、"建设民生家园，关爱员工成长"、"共建生态文明，助力美丽中国"、"投身慈善公益，倾力回报社会"七大领域，较好地反映了民生银行的本质责任和特色实践。

三、完整性

(一) 定义

完整性是指社会责任报告所涉及的内容较全面地反映了企业对经济、社会和环境的重大影响，利益相关方可以根据社会责任报告知晓企业在报告期间履行社会责任的理念、制度、措施以及绩效。

(二) 解读

完整性从两个方面对企业社会责任报告的内容进行考察：一是责任领域的完整性，即是否涵盖了经济责任、社会责任和环境责任；二是披露方式的完整性，即是否包含了履行社会责任的理念、制度、措施及绩效。

(三) 评估方式

(1) 标准分析：是否满足了《中国企业社会责任报告指南（CASS-CSR 3.0）》等标准的披露要求；

(2) 内部运营重点：是否与企业战略和内部运营重点领域相吻合；

(3) 外部相关方关注点：是否回应了利益相关方的期望。

> **案例：南方电网公司披露了指南 86.01% 的核心指标**
>
> 《中国南方电网公司社会责任报告 2012》共 82 页，报告从"责任管理"、"电力供应"、"绿色环保"、"经济绩效"及"社会和谐"等方面，系统披露了《中国企业社会责任报告编写指南》电力供应业核心指标的 86.01%，具有很好的完整性。

四、平衡性

（一）定义

平衡性是指企业社会责任报告应中肯、客观地披露企业在报告期内的正面信息和负面信息，以确保利益相关方可以对企业的整体业绩进行正确的评价。

（二）解读

平衡性要求是为了避免企业在编写报告的过程中对企业的经济、社会、环境消极影响或损害的故意性遗漏，影响利益相关方对企业社会责任实践与绩效判断。

（三）评估方式

考察企业在社会责任报告中是否披露了实质性的负面信息。如果企业社会报告未披露任何负面信息，或者社会已知晓的重大负面信息在社会责任报告中未进行披露和回应，则违背了平衡性原则。

> **案例：中国石化股份重视负面信息披露**
>
> 2012年7月23日，承运商在由广州南沙前往汕头途中，受台风影响有6个装载中石化公司生产的聚丙烯产品的集装箱落入香港海域，箱内白色聚丙烯颗粒散落海面，部分颗粒漂至中国香港地区愉景湾、南丫岛深湾等附近海滩，引起广泛关注。在《中国石化2012年可持续发展进展报告》中，用专题形式对本次事件背景、公司应对和相关方反馈进行了详细披露。

五、可比性

（一）定义

可比性是指报告对信息的披露应有助于利益相关方对企业的责任表现进行分析和比较。

（二）解读

可比性体现在两个方面：纵向可比与横向可比，即企业在披露相关责任议题的绩效水平时既要披露企业历史绩效，又要披露同行绩效。

（三）评估方式

考察企业是否披露了连续数年的历史数据和行业数据。

> **案例：华电集团社会责任报告披露了 61 个可比指标**
> 《中国华电集团公司社会责任报告2012》披露了61个关键绩效指标连续3年的历史数据，同时披露了多项公司与同行业在环境绩效、责任管理等方面的横向比较数据，具有较强的可比性。

六、可读性

（一）定义

可读性指报告的信息披露方式易于读者理解和接受。

(二) 解读

企业社会责任报告的可读性可体现在以下方面：
(1) 结构清晰，条理清楚；
(2) 语言流畅、简洁、通俗易懂；
(3) 通过流程图、数据表、图片等使表达形式更加直观；
(4) 对术语、缩略词等专业词汇做出解释；
(5) 方便阅读的排版设计。

(三) 评估方式

从报告篇章结构、排版设计、语言、图表等各个方面对报告的通俗易懂性进行评价。

> **案例：中国兵器工业集团报告可读性优秀**
> 《中国兵器工业集团社会责任报告2012》框架清晰，篇幅适宜；语言简洁流畅，结合大量案例，配图精美，表达方式丰富多样，并对专业词汇进行了解释，可读性表现优秀。

七、创新性

(一) 定义

创新性是指企业社会责任报告在内容或形式上具有重大创新。

(二) 解读

社会责任报告的创新性主要体现在两个方面：报告内容的创新和报告形式的创新。创新不是目的，通过创新提高报告质量是根本。

（三）评估方式

将报告内容、形式上与国内外社会责任报告以及企业往期社会责任报告进行对比，判断其有无创新，以及创新是否提高了报告质量。

> **案例：华润集团社会责任报告注重创新性**
>
> 《华润（集团）有限公司 2012 年社会责任报告》通过连环画的形式介绍"走进华润世界"，形式新颖，易于利益相关方理解；通过"品牌树"的方式介绍了公司丰富的产品品牌，易于利益相关方全面了解华润的业务和产；在形式上，通过"集团报告"和"重点企业报告"两种方式呈现，具有很好的创新性。

案例篇

第八章 相关方期望引领报告编写
——中国移动通信集团公司 CSR 报告管理

一、公司简介

中国移动通信集团公司（以下简称"中国移动"）于 2000 年 4 月 20 日成立，注册资本 3000 亿元，资产规模超过万亿元，基站总数超过 130 万个，客户总数近 8 亿户，是全球网络规模、客户规模最大的移动通信运营商。

中国移动全资拥有中国移动（香港）集团有限公司，由其控股的中国移动有限公司（以下简称"上市公司"）在国内 31 个省（自治区、直辖市）和香港特别行政区设立全资子公司，并在香港和纽约上市。主要经营移动话音、数据、IP 电话和多媒体业务，并具有计算机互联网国际联网单位经营权和国际出入口局经营权。近年来，中国移动通过全面推进战略转型，深入推动改革创新，加快转变方式、调整结构，经营发展整体态势良好，经营业绩保持稳定，并于 2013 年全新发布了商业主品牌"和"。中国移动多年来一直坚持"质量是通信企业的生命线"和"客户为根，服务为本"的理念，不断提升质量，改善服务，客户满意度保持行业领先，百万客户申诉率连续多年保持全行业最低。

作为国内电信运营企业中首家编制发布企业社会责任报告的企业，同时也是中央企业中最早关注并实施企业社会责任管理的企业之一，中国移动秉承"正德厚生 臻于至善"的核心价值观，真诚践行"以天下之至诚而尽己之性、尽人之性、尽物之性"的企业责任观，努力实现企业经营与企业社会责任的高度统一，追求企业与利益相关方在经济、社会与环境方面共同可持续发展。公司自 2007

年起成为联合国全球契约（UNGC）正式成员，认可并努力遵守全球契约十项原则。同时，公司作为全球报告倡议组织（GRI）相关方网络（OS）的首批中国会员，积极参与和支持全球可持续发展报告标准研究与制定，并作为中国内地唯一企业参与G4 Pioneer项目和GRI报告分享计划。公司密切关注和积极支持中国本土社会责任报告编制标准的研发和推广，深度参与并支持中国社会科学院经济学部企业社会责任研究中心《通信服务业企业社会责任报告编写指南3.0》的制定，为共同推进社会责任报告编写水平提升贡献积极力量。

荣誉认可

● 连续十年在国务院国有资产监督管理委员会（简称"国资委"）中央企业负责人经营业绩考核中获得最高级别——A级；

● 上市公司连续七年入选道·琼斯可持续发展系列指数，并连续四年入选恒生可持续发展指数；

● 连续五年荣获中国公益慈善领域最高政府奖——"中华慈善奖"；

● 集团公司在《财富》杂志世界500强中最新排名第55位；

● 上市公司在《福布斯》杂志"全球2000领先企业榜"排名第29位；

● 上市公司入选《金融时报》"全球500强"，排名第14位；

● 中国移动品牌连续第九年入选明略行和《金融时报》发布的"BRANDZ™ 100全球最强势品牌"排名，列全球第十五位；

● 荣获国资委"'十一五'中央企业节能减排优秀企业"称号，中华环保联合会"节能减排功勋企业"、中国节能协会"节能中国十大贡献企业"等称号；

● 在国资委举办的中央企业管理提升活动中，被选为企业社会责任管理三家标杆企业之一，并被评为"企业社会责任管理提升先进单位"；

● 中国移动的"战略性企业社会责任管理"、"绿色行动计划"、"新农合信息系统"、"情系三农惠万家"、"中国温暖121项目"等多项实践入选中央企业优秀社会责任实践，其中"情系三农惠万家"入选2013中央企业最佳社会责任实践；

● 中国移动"农村工程"、"绿色行动计划"、"新农合项目"分别入选哈佛商学院、密歇根大学、克兰菲尔德商学院案例，成为商业价值与社会价值双赢的范例；

● 在中国社会科学院经济学部企业社会责任研究中心发布的"中国企业100强企业社会责任发展指数（2013）"中位列第五名，并位列通信业第一名。

二、履责历程

植根于三重底线等经典的企业社会责任（简称CSR）学说，参考国际通行的企业社会责任理念，结合企业自身作为大型央企的特殊要求，中国移动提出了自身企业社会责任观："以天下之至诚而尽己之性、尽人之性、尽物之性"。即秉持做优秀企业公民的诚意，以诚信实践承诺，以永不自满、不断创新超越的进取心态精益求精，追求企业、社会和环境的和谐发展。

基于上述责任观，中国移动高度重视企业社会责任工作，致力于将企业社会责任融入公司发展战略与日常经营。在公司领导层大力支持和直接参与下，在集团上下不断达成共识的基础上，从2006年开始，中国移动以全球企业社会责任管理的通行标准和最佳实践为指引，充分考虑企业运营管理的现实基础，以实效性为原则，创新管理工具和手段，统一规划、分步推进，逐步实施了战略性企业社会责任管理，并取得显著成效，如图8-1所示。

图8-1 中国移动实施战略性企业社会责任管理简要历程

战略性企业社会责任管理是以企业战略为根本出发点和指引，通过对企业资源的系统规划和整合使用，以有效的组织、制度和流程保障，将企业社会责任标准整合嵌入企业运作的全方位和全过程，实现企业经济、社会与环境三方面绩效动态平衡，协调企业与相关方可持续发展的管理行为。相比于传统的企业社会责任管理，中国移动战略性企业社会责任管理具有战略性、全面性、系统性、开放性等特点。

通过八年的管理实践，中国移动逐步构建了包括策略管理、执行管理、绩效管理、沟通管理四大模块的战略性企业社会责任管理的完整体系，创新开发了企业社会责任风险管理、可持续发展指标体系、DJSI（道·琼斯可持续发展指数）对标管理等一系列管理工具，通过逐步推进的管理举措，对国际化的企业社会责任理念和标准进行了本土化和企业化，将其与中国移动的经营和管理实践有机结合起来，建立了行之有效的企业社会责任管理组织体系、闭环流程、评估工具和沟通机制，使企业社会责任在从一种观念和标准转化为过程和结果可见、可控的管理行为。

在策略管理方面，中国移动始终保持企业社会责任愿景与公司战略愿景的高度一致，通过企业社会责任规划与战略规划的融合，确保了企业社会责任工作的分解落实。同时，通过对企业社会责任关键议题的全面分析、梳理和聚焦，不断指引各级单位的企业社会责任实践。

在执行管理方面，中国移动贯彻"员工是企业践行社会责任主体"的理念，发挥自身通信特长，以短信课堂、内训师宣贯、员工承诺书签订、互动主题征文等多样的形式，持续对企业各层级员工开展企业社会责任宣贯培训活动。同时，中国移动开展了基于 DJSI 的最佳实践对标管理，基于 DJSI 的客观评估结果，全面梳理公司在经济、社会和环境维度下各可持续发展关键议题的政策、执行、绩效和信息披露表现，通过对标业界最佳实践，识别关键短板，逐年滚动改进提升可持续发展关键议题管理水平与绩效。

在绩效管理方面，中国移动将企业社会责任关键指标融入战略绩效管理工作，实现企业社会责任实践的有效落实。公司借鉴国际先进的可持续发展理念和价值框架，于 2009 年起构建符合自身运营特点的可持续发展指标体系，通过指标体系的逐年评估及短板提升管理，引导 31 个省区市公司树立兼顾当前与长远、自身与相关方的可持续发展观，强化可持续发展能力建设，提高公司整体的可持续发展能力。同时，公司自 2008 年起逐年滚动开展中国移动优秀企业社会责任实践评选，充分引入利益相关方参与，发现、表彰和推广企业社会责任实践的内部典范，鼓励集团各级单位社会责任实践创新。

在沟通管理方面，中国移动自 2006 年起每年发布企业社会责任报告，对照国内外报告编写规范，逐步提高报告编制水平，建立以报告的编制和发布为核心的利益相关方沟通机制。同时，引入国际通行的"学习—分享—合作"的利益相关方沟通参与模型，针对不同利益相关方人群以多样的形式实施具有实效性的专项沟通。中国移动注重与学术机构、国内外 CSR 专业组织的专项沟通与合作，积极参与和支持相关标准的研发与推广，为提升社会责任从业标准和实践水平做出积极努力。

战略性企业社会责任管理的推进实施，有效确保了公司战略目标达成，公司可持续发展能力持续增强，可持续发展绩效跻身世界一流水平，上市公司连续七年入选 DJSI；公司企业社会责任实践取得丰硕成果，在保障客户权益、减小数字鸿沟、应对气候变化、支持社会公益、促进信息惠民等方面，为相关方做出积极贡献。

中国移动深刻认识到，坚持推进企业社会责任管理是企业转变发展方式、锻造可持续发展能力、持续创造可持续发展价值的重要方面。将企业社会责任全面融入公司战略、文化理念、运营标准、制度规范、评价体系，并建立全面的利益相关方沟通参与机制是企业社会责任工作发挥作用的关键点所在。

三、报告概览

中国移动高度重视社会责任履行过程中与利益相关方的主动沟通对话，自 2006 年起逐年编制并发布企业社会责任报告（2010 年起更名为"可持续发展报告"以进一步突出履行社会责任与企业可持续发展的融合一致性）。可持续发展报告是中国移动向利益相关方全方位披露经济、社会和环境绩效表现的关键载体，也是中国移动企业社会责任管理体系的重要一环，是公司评估年度可持续发展绩效、收集利益相关方反馈，从而针对性提升管理水平的重要管理工具。

公司根据中国移动自身运营实际情况，企业社会责任报告共分集团公司与上市公司中、英文共四个版本，定期、规范披露企业非财务信息。其中上市公司报告与公司年报每年同步发布，集团公司报告由公司高层领导主持的发布会发布，并邀请关键相关方参加，同时面向31个省区市的重要利益相关方进行发放。可持续发展报告已成为利益相关方全面了解中国移动可持续发展绩效的重要载体，赢得广泛关注。

中国移动可持续发展报告遵循全球报告倡议组织（GRI）《可持续发展报告指南》、《中国企业社会责任报告编写指南（CASS-CSR 3.0）》、《全球契约十项原则》、国际标准化组织社会责任指南标准（ISO26000）、香港交易所的《环境、社会及管治报告指引》、《关于中央企业履行社会责任的指导意见》等国内外通行规范，同时突出企业与行业特色。报告还引入独立第三方会计师事务所对关键数据提供独立鉴证，进一步提升客观性与公信力。2013年，报告首次引入中国社会科学院经济学部企业社会责任研究中心社会责任报告评级（获得5星级评价）。此外，报告曾获得联合国全球契约中国企业社会责任典范报告、全球契约中国社会责任报告最佳实践、"金蜜蜂"优秀企业社会责任报告·领袖型企业奖等多项荣誉。

目前，中国移动黑龙江、上海、浙江、山东、广东、广西、江苏等公司均已发布本省（市）的社会责任分报告，形成以集团公司企业社会责任报告为主体，各省公司企业社会责任分报告为补充的利益相关方报告沟通体系，如表8-1所示。

表8-1 中国移动可持续发展报告发布情况

年 份	报告页数	报告语言	报告版本	参考标准
2006	70	中/英文	印刷版/电子版	GRI G3
2007	64	中/英文	印刷版/电子版	GRI G3
2008	70	中/英文	印刷版/电子版	GRI G3
2009	64	中/英文	印刷版/电子版	GRI G3 《中国企业社会责任报告编写指南（CASS-CSR1.0）》 《联合国全球契约十项原则》
2010	62	中/英文	印刷版/电子版	GRI G3 《中国企业社会责任报告编写指南（CASS-CSR1.0）》 《联合国全球契约十项原则》
2011	56	中/英文	印刷版/电子版	GRI G3.1 《中国企业社会责任报告编写指南（CASS-CSR2.0）》 ISO26000 《联合国全球契约十项原则》

续表

年 份	报告页数	报告语言	报告版本	参考标准
2012	62	中/英文	印刷版/电子版	GRI G3.1 《中国企业社会责任报告编写指南（CASS-CSR2.0）》 ISO26000 《联合国全球契约十项原则》 香港交易所《环境、社会及管治报告指引》
2013	66	中/英文	印刷版/电子版/手机版/客户沟通专册	GRI G4 《中国企业社会责任报告编写指南（CASS-CSR3.0）》 ISO26000 《联合国全球契约十项原则》 香港交易所《环境、社会及管治报告指引》

表8-2 中国移动可持续发展报告历年主题及关键议题

年份	2000~2006	2007	2008	2009	2010	2011	2012	2013
报告主题	诚信立责任 和谐筑未来	和谐共成长	和谐共成长： 绿色发展 实践承诺 和谐共进	和谐共成长： 移动改变生活 责任筑就未来	移动让生活更美好 信息化生活与可持续未来	移动让生活更美好 诚以致远 创享未来	移动让生活更美好 连接你我 开启明天	触手可及的新未来 和你在一起
关键议题	三重责任 经济责任 社会责任 环境责任	三大成长 与产业和谐共成长 与社会和谐共成长 与环境和谐共成长	五大工程 农村工程 生命工程 文化工程 绿色工程 志愿工程	六大议题 创造满意员工 保障责任通信 减小数据鸿沟 应对气候变化 促进信息惠民 投身社会公益	六大议题 立足持续发展 保障责任通信 应对气候变化 减小数据鸿沟 信息应用惠民 投身社会公益	十二项议题 严守诚信合规准则 致力创新高效运营 打造优质畅通网络 全力保障放心消费 ……	七大议题 践行诚信经营 保障放心消费 关爱支持员工 投身社会公益 助建生态文明 丰富无线体验 跨越数字鸿沟	八大议题 全力转型发展 尊重员工权利 追求产业共赢 保护客户权益 助力社区建设 践行绿色运营 创新丰富应用 拓展普遍服务

表8-3 中国移动企业社会责任报告投入资源

年 份	投入人员	投入时间	搜集素材
2006	6	6个月	50万字，1000多张照片
2007	6	6个月	60万字，1200多张照片
2008	6	7个月	60万字，1200多张照片

续表

年 份	投入人员	投入时间	搜集素材
2009	6	7个月	70万字,1500多张照片
2010	6	7个月	70万字,1500多张照片
2011	7	7个月	80万字,1500多张照片
2012	7	7个月	80万字,1500多张照片
2013	8	7个月	100万字,2000多张照片

四、报告管理

(一)组织

1. 社会责任组织体系

良好的组织体系是报告质量的保障,中国移动自2008年起设立CSR指导委员会,建立起管理层深度参与、横向协调各专业部门、纵向覆盖各下属单位的CSR组织体系,如表8-4所示。

表8-4 中国移动企业社会责任组织体系

CSR指导委员会 (决策层)	公司董事长任主任,总部相关部门共同参与,对公司社会责任战略、目标、规划和相关重大事项进行审议与决策
CSR办公室 (组织层)	CSR办公室设于总部发展战略部,负责牵头组织、协调横向各专业部门、纵向各下属单位的可持续发展工作,推动可持续发展战略及目标达成
横向各专业部门 纵向各下属单位 (实施层)	总部专业部门依据职责分工实施可持续发展关键议题归口管理,完成从策略、执行到评估的闭环管理 各下属单位战略管理责任部门承担CSR管理推进职责,建立跨部门及跨层级虚拟团队,组织落实CSR工作

每年,中国移动可持续发展报告编制均组建报告编写的专门项目团队,由企业社会责任工作牵头部门专职人员与总部及各省级单位的工作接口人员共同组成的报告编制虚拟团队。为广泛征求利益相关方和社会责任专家的意见和建议,公司每年邀请第三方机构提供报告评估、议题研究和语言支持。

2. 社会责任制度流程

2007年,《中国移动通信集团公司企业社会责任工作指导意见》下发全集团,初步明确了中国移动企业责任观及企业社会责任策略管理、执行管理、绩效管理和沟通管理四大工作模块。

2009年,《中国移动通信集团公司企业社会责任管理办法(试行)》正式下发全集团,标志着通过三年的企业社会责任管理与实践探索,中国移动成功确立了企业社会责任管理的体系、制度与流程,建立了企业社会责任管理与实践的长效机制。

2013年,中国移动修订下发《中国移动企业社会责任管理办法(2013版)》(以下简称《办法》)。《办法》结合公司多年CSR管理实践经验及管理提升活动成果,从提炼和梳理CSR理念入手,进一步优化公司CSR管理流程,结合可持续发展最新趋势和管理要求,完善和明确了策略管理、执行管理、绩效管理和沟通管理四大管理模块的内涵和要求。《办法》进一步细化了企业社会责任报告编制发布的流程和要求,将报告素材、数据采集及审核职责落实到各相关部门和单位,进一步完善了报告编制发布的规范性和制度化(见图8-2)。该《办法》的颁布,标志着中国移动企业社会责任管理体系的进一步成熟与规范。

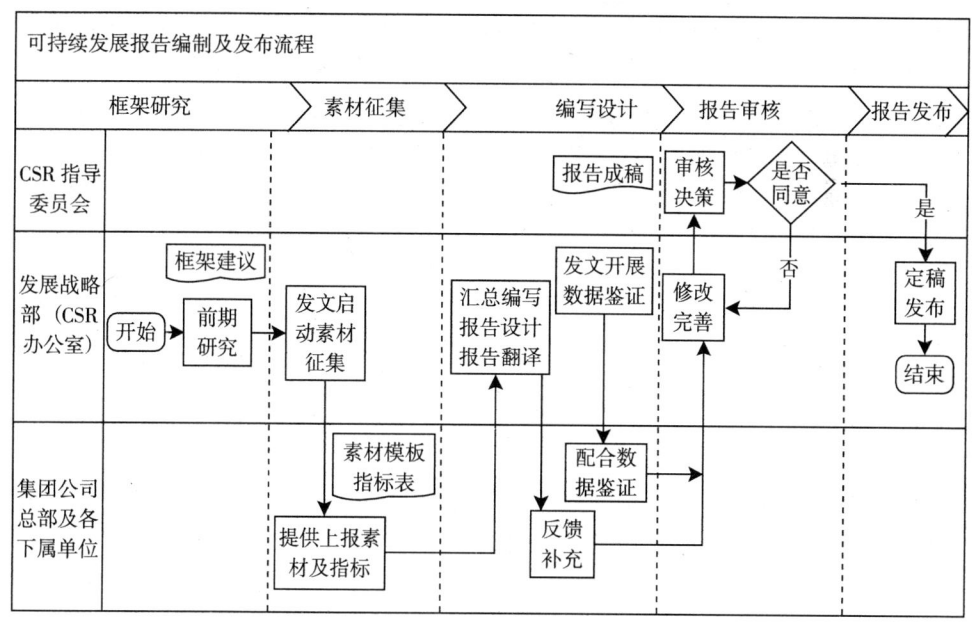

图8-2 中国移动可持续发展报告编制及发布流程

3. 社会责任能力建设

经过多年的建设和发展,中国移动已建立起一支覆盖全集团31个省区市公司的社会责任专责人员队伍，负责组织落实和推动省级社会责任管理与实践活动。公司高度重视企业社会责任专责人员队伍建设，每年定期举办 31 个省区市公司企业社会责任工作骨干专项培训，内容涉及集团社会责任战略、社会责任标准要求、社会责任议题趋势与最佳实践、社会责任实践策划等。同时，中国移动明确要求各公司每年需至少开展一次覆盖全公司的企业社会责任宣贯培训活动，以此实现企业社会责任理念导入。在实施过程中，中国移动各级公司将企业社会责任理念的宣贯与企业文化建设工作相结合，通过多种形式开展主题文化传播活动，深入推进"责任"意识的传播，强化社会责任的自觉履行。2013 年，中国移动年度 CSR 专项宣贯培训覆盖 131350 人次。

（二）参与

利益相关方参与是企业履行社会责任的基石。中国移动的利益相关方由六类群体构成，分别是员工、股东与投资者、政府与监管机构、客户、价值链伙伴、社区及环境（见表 8-5）。为确保利益相关方沟通的有效性和实质性，中国移动明确了"学习—分享—合作"的利益相关方参与模式，形成了常态化的利益相关方沟通机制。

表 8-5 利益相关方参与

利益相关方	描述	对公司期望	沟通方式	主要指标
员工	公司组织机构中的全部成员	沟通参与的权利 公平对待 职业健康安全 良好的培训及发展机会 对自身价值的认可与尊重	职工代表大会 定期培训 绩效沟通机制 彩信刊物《移周刊》 员工评优机制	劳动合同签订率，员工流失率，员工培训投入，员工体检率等
股东与投资者	公司及下属企业股票和债券的持有人	良好的信息披露 完善的风险管理 廉洁的商业环境 持续创造价值的能力	企业年报和公告 国资委工作汇报 路演与反向路演	营业收入、利润、客户数等
政府与监管机构	中国政府及业务所在地政府 代表国家履行监管职责的政府机构	守法合规经营 落实监管政策 助力社会和谐 发挥带动作用	日常汇报沟通 专题调研与现场会 相关论坛交流活动	纳税总额、员工人数、带动就业数等
客户	购买使用公司产品或服务的用户	高速畅通的网络 便捷周到的服务 透明合理的资费 可靠的隐私保护 对侵权行为的有效防范与治理	客户接待日 10086 热线 网络及手机营业厅 客户满意度调查	客户满意度 百万客户申诉率等

续表

利益相关方	描述	对公司期望	沟通方式	主要指标
价值链伙伴	公司生产或提供服务的环节或链条中相关组织或个人	规范高效的采购流程 前景良好的发展机会 互利共生的合作关系 可持续发展的绿色产业	采购活动 日常沟通 培训与评估 论坛及大会	集中采购供应商数量、集中采购供应商本地化比例、供应商核查次数及比例等
社区与环境	企业业务及运营所在地社区及其环境	电磁辐射安全 偏远地区发展 弱势群体的扶助 生态环境和谐	社区沟通活动大众传播媒体 微博、微信等新媒体 公益项目平台	社区建设投入总额、公益捐赠总额、志愿服务总时长等

在日常沟通方面，公司制定下发《利益相关方沟通工作手册》和集团统一的社会责任标准宣讲文稿，不断丰富相关方沟通渠道，建立起企业社会责任外部信息追踪机制，深入了解相关方诉求并围绕关注的热点开展针对性的沟通活动。例如，2010年11月，公司总裁信箱（CEO@chinamobile.com）正式开通，并在2011年5月正式向客户、合作伙伴开放。2013年，总裁信箱共收到来信2194件，包括对公司管理、业务发展、网络建设、员工成长、客户权益保护等方面的意见和建议。基于规范流程，上述来信均得到及时、妥善处理和回复。

在专项沟通方面，与国际知名学术机构、社会责任国际组织进行了广泛的交流与对话，建立社会责任全球对话沟通机制和学习分享渠道。中国移动与剑桥大学联合开展了"移动医疗"课题研究，参与新一代可持续发展报告指南——G4标准草案的制定讨论，深度参与并支持中国社会科学院经济学部企业社会责任研究中心《通信服务业企业社会责任报告编写指南3.0》的制定。

此外，为确保年度可持续发展报告更具参与性和实质性，中国移动在每年报告前期研究中固化相关方感知分析模块，引入关键相关方参与实质性分析过程，通过媒体检索分析、关键相关方座谈会、电话访谈、网络问卷调查等多种方式收集了解相关方对中国移动社会责任实践的评价反馈以及对关键可持续发展议题及信息披露的期望要求。例如，公司逐年开展可持续发展能力评估，通过第三方问卷调查，了解评估公司内部员工对企业社会责任工作的认可度与践行度，近两年的第三方调查共覆盖内部员工超过10万人次。

(三) 界定

1. 议题确定流程

为提升报告针对性与回应性,中国移动通过建立并完善实质性分析模型,开展相关方专项调研,识别筛选出最具实质性的年度关键议题。

第一步:议题识别。公司基于内外部文献研究及第三方调查,识别出对于中国移动意义重大的可持续发展议题。2013年可持续发展报告中共识别22项可持续发展议题,如图8-3所示。

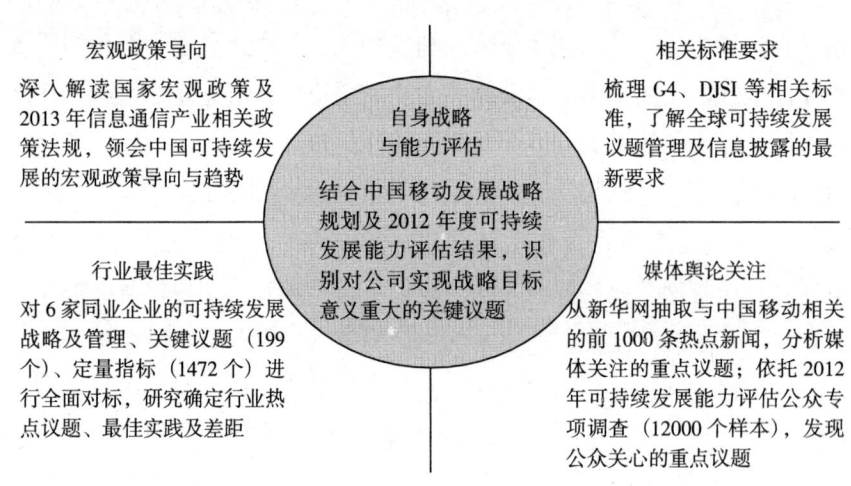

图8-3 中国移动2013年可持续发展报告议题识别研究框架

第二步:议题评估。开展关键相关方专项调查,通过座谈会、电话访谈及在线问卷等方式,邀请不同类别相关方代表参与实质性评估,并针对性听取意见建议,如图8-4所示。

第三步:议题筛选。基于实质性评估打分结果对议题进行排序,筛选出具有较强实质性的议题,作为报告重点披露内容,如图8-5所示。

2. 可持续发展核心议题

通过实质性分析,中国移动确定的可持续发展核心议题包括:

● 全力转型发展,坚持反腐合规;

● 尊重员工权利,支持员工发展;

● 追求产业共赢,带动共同履责;

在线问卷调查

回收有效问卷167份,内外部相关方代表占比约为1:1内部相关方(员工)根据议题对中国移动的重要程度评分,外部相关方根据议题对自身的重要程度评分

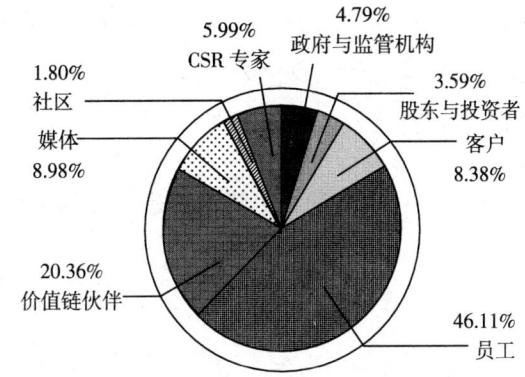

图8-4 中国移动2013年可持续发展报告专项问卷调查样本构成

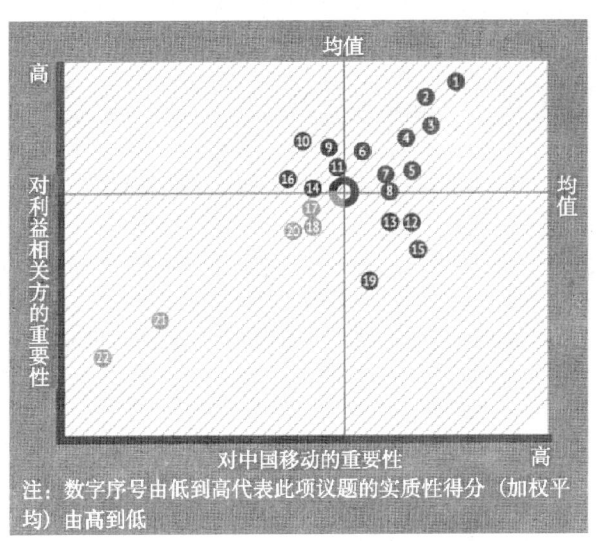

图8-5 中国移动2013年可持续发展报告实质性评分矩阵

- 保护客户权益,保障安心消费;
- 助力社区建设,促进社会和谐;
- 践行绿色运营,共建生态文明;
- 创新改变生活的丰富应用;
- 拓展遍及城乡的普遍服务。

3. 可持续发展战略视图

中国移动以"铸就国际领先、实现可持续发展"为目标,全力实施"可持续发展战略",以"移动改变生活"的战略愿景为指引,着眼于满足利益相关方的

不同期望。公司确定可持续发展的三大战略重点是：更稳健的中国移动、更满意的相关方、更美好的信息化未来，以此创造和分享可持续发展的美好未来，形成了中国移动可持续发展战略视图，如图8-6所示。

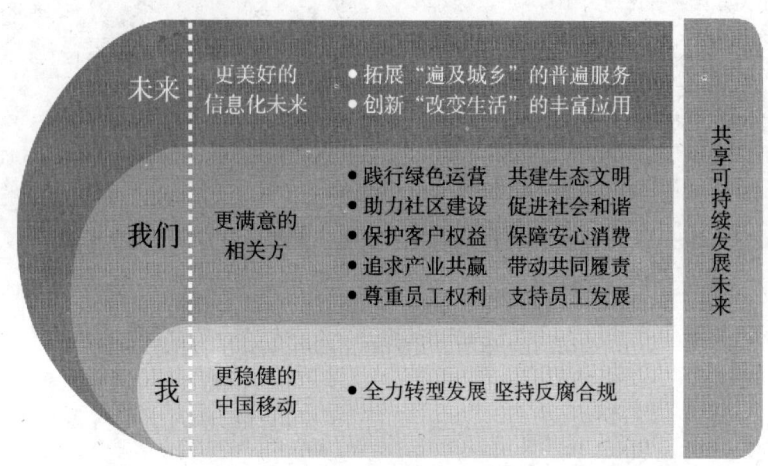

图8-6 中国移动可持续发展战略视图

（四）启动

中国移动可持续发展报告启动阶段主要包括前期研究、相关方参与、启动培训三个模块。一是系统开展前期研究。公司结合国家政策导向与外部舆论环境，对标国际最佳实践，识别利益相关方重点关注的责任议题，基于对上年度报告的客观评估和新一年度公司战略发展和企业社会责任履行的最新动向，最终研究确定报告的主题和关键议题，如图8-7所示。

二是广泛征求利益相关方意见和建议。通过电话、问卷、召开利益相关方座谈会等形式，邀请利益相关方对中国移动上一年度报告进行评估，第一手了解利益相关方对报告的反馈，系统分析报告中存在的优点与不足，并针对性地提出新报告的提升方向。

三是召开启动培训会。公司每年组织召开企业社会责任报告启动会，对总部各部门以及各省级单位的报告编制工作接口人员进行系统培训，详细讲解报告前期研究成果，年度关键议题和报告框架，明确报告素材和数据要求，为下一步报告编写做好准备。

第八章 相关方期望引领报告编写

2012年报告评估
- 可持续发展相关方专题调研：通过在线问卷、利益相关方研讨会和电话访谈等方式对167个利益相关方代表进行调研
- G3.1指南指标披露分析

相关标准分析
- GRI最新发布的G4指南的主要内容与披露要求，重点关注基于G3.1指南改变以及强化的因素
- 中国企业社会责任报告指南3.0披露要求与变化因素

同业企业对标
- 对标六家入选2013年DJSI全球指数的国际电信企业，包括韩国电信、SKT、西班牙电信、挪威电信、英国电信、中华电信
- 对标内容覆盖可持续发展理念、战略、议题、定量指标、相关方沟通与传播形式等

政策舆情分析
- 国家宏观政策及信息产业相关政策解读
- 媒体报道分析，样本为1000条外部新闻
- 采用2012年可持续发展能力评估中的公众感知调查结果进行分析，样本量为12000

图8-7 中国移动可持续发展报告编制前期研究

（五）编写

企业社会责任报告要求企业全面回应利益相关方期望与诉求，对过往一定时段内的企业社会责任履行情况进行全面、系统的披露。企业社会责任报告既需言之有物，有针对性地对利益相关方的关注进行回应，同时又需体现宏观环境与企业自身运营发展的特点。

1. 信息收集

经过多年的实践，中国移动已经建立了较为完善的企业社会责任信息收集体系。每年报告中的数据与案例主要通过以下渠道进行收集：

● 中国移动内部相关统计报表：主要收集与业务领域相重合的企业社会责任数据，如主要经营指标等；

● 中国移动企业社会责任信息采集系统：公司逐月从下属单位进行相关数据和案例的收集，筛选出优秀案例并通过公司CSR官方网站进行对外传播；

● 中国移动年度优秀企业社会责任实践评选：从2008年起，每年在全集团范围内发掘和选拔CSR优秀实践，邀请来自政府主管部门、非政府组织、权威媒体的专家代表与公司内部专家共同评审，优秀案例入选中国移动年度可持续发展报告。

2. 报告编写

在完成框架搭建和信息收集任务后,报告编写工作的关键在于如何按照利益相关方感兴趣的方式进行报告内容的组织和呈现。中国移动在 2013 年可持续发展报告中针对股东、合作伙伴、客户、员工、社区、环境等不同类别相关方的关键诉求,系统展现了相关议题管理方法、取得成效和未来计划,如图 8-8 所示。

相关方期望	我们的行动	我们做到了(2013 年)	我们将努力(2014 年)
● 保持良好网络质量和关键时刻的网络畅通 ● 保护客户消费安全,加强隐私保护和不良信息治理,防范第三方恶意侵权行为 ● 保障资费透明,维护客户知情权与选择权 ● 提供便捷服务,及时听取和响应客户诉求	● 深化"四网协同"战略,保持网络质量整体领先 ● 完善应急通信保障制度,实施应急演练,在重大灾害或重要事件中保障网络通畅 ● 从技术、管理、平台等多维度保护客户的信息安全 ● 加强恶意软件防控、不良信息治理和电信欺诈防范,并严格约束合作伙伴,防范侵权行为 ● 简化资费套餐,创新国际漫游定价模式,为客户提供全流程透明消费服务 ● 开通线上和线下多元化平台,深化客户日常沟通	● GSM 网全程呼叫成功率达到 99.12%,3G 网全程呼叫成功率达到 98.53% ● 年度完成应急通信保障 4005 次,出动保障人员 465443 人次 ● 推广应用"金库模式"和客户信息模糊化操作等关键举措保护客户信息安全 ● 年度开展 39 万余人次客户信息安全和隐私保护培训 ● 全面启动社会渠道违规治理,对八类涉嫌侵害客户权益的违规行为进行治理 ● 国际及港澳台漫游通话资费平均降幅 46%,最高降幅超过 90% ● 百万客户申诉率仅为 32.3 件,连续四年保持行业最低值	● 大力推进 4G 网络建设,强化网络资源精细预测和调配能力,实现从面向网络分流到面向客户感知和网络价值最优的转变加大监督检查力度,确保"金库模式"和客户信息模糊化操作模式 100%实施到位 ● 着重改善存量客户、流量客户、集团客户等重点客户群在关键环节的感知,为客户提供更满意的服务 ● 百万客户申诉率继续保持行业最低

图 8-8 中国移动 2013 年可持续发展报告"和客户共享安心服务"

3. 报告审核

作为规范的非财务信息披露载体,除了富于新意和针对性的内容编制外,报告的质量还取决于包括集团总部各相关部门与省区市公司相关人员的全集团不同层级、不同专业条线的共同参与,包括多轮对报告框架、内容、数据、文字的沟通、反馈和把关。经过几年的实践，中国移动的报告编制工作已经实现了报告编写信息层层收集、数据层层审核、内容各方参与的全方位、常态化管理。

中国移动将可持续发展报告编制发布列入公司"三重一大"事项，每年通过公司司务会议（CSR指导委员会会议）对可持续发展报告内容框架、关键指标数据进行审核。其中，上市公司可持续发展报告还将提交上市公司董事会审核，进一步确保了报告编制、披露的规范性。

4. 报告鉴证

从2012年起，中国移动引入国际知名会计师事务所按照全球通行的ISAE3000标准，对报告关键数据的管理流程和收集方法进行检验审查，出具独立鉴证报告，进一步加强了报告的规范性和透明度，如表8-6所示。

表8-6 中国移动2013年可持续发展报告鉴证概要

鉴证对象	数据：环境数据、职业健康和安全数据、社会数据等33个主要非财务定量信息 对象：总部部门及三个选定省公司（江苏、黑龙江、新疆）
鉴证标准	ISAE3000
鉴证类型	有限性保证
鉴证产出	①独立鉴证报告 ②管理建议书
新增鉴证指标	①一级供应商数量 ②召开视频会议次数 ③二级供应商数量 ④年度新入职员工总数 ⑤年度主动离职员工数 ⑥一级集采中本地供应商所占比例 ⑦年度解雇员工数 ⑧二级集采中本地供应商所占比例 ⑨年度开展的对供应商核查次数

5. 报告设计印刷

中国移动企业社会责任报告的设计印刷聘请专业机构进行，报告设计延续一以贯之的"中国风"风格，每年通过设计元素上的突破凸显新意。在报告印刷上坚持采用环保纸，近年来逐步压缩纸质报告印刷数量，大力推广电子版报告，并推出了手机阅读版报告，在节约纸张的同时，取得了良好的传播效果。

（六）发布

中国移动已连续八年举办由公司主要领导参加的报告发布会，邀请关键利益相关方代表及媒体出席报告发布活动，以报告发布为载体，向各界全面汇报中国移动可持续发展的战略思考、举措、成效和不足。出席现场的发布会的利益相关方代表累计超过 2000 人，媒体报告累计超过 1200 篇（次）。同时，自 2012 年起，报告发布会以视频会议形式面向全集团各省区市公司进行直播，成为全员共同见证的年度盛事。

（七）使用

可持续发展报告已成为利益相关方全面了解中国移动可持续发展绩效的重要载体，也是公司评估年度可持续发展绩效、收集利益相关方反馈，从而针对性提升管理水平的重要管理工具。每年中国移动都组织各省级公司向当地关键利益相关方群体进行针对性的报告送达与反馈收集。为进一步强化与客户的沟通，2014 年在标准完整版的可持续发展报告基础上，中国移动又针对客户关注的客户权益保护、社会公益支持等专题，以生动活泼的文字和设计风格对报告进行二次加工，创新发布了《中国移动企业社会责任客户沟通专册》，以问答形式对客户关心的问题进行一一回应，使得报告作为相关方沟通平台的作用进一步凸显。

表 8-7　中国移动 2013 年可持续发展报告概览

报告主题	①触手可及的新未来 ②和你在一起
定位及框架	①沟通型报告 ②重在回应相关方关切，突出"期望—行动—绩效—展望"的闭环管理
内容亮点	①时效性：4G 发展专题、呼应新品牌形象 ②回应性：集中回应客户关切、正面披露敏感信息、引入关键相关方参与实质性分析 ③完整性：强化供应链、劳工、环境相关内容描述和指标披露，对应最新相关标准要求更完整披露关键绩效
案例展示	披露案例 40 个，涉及 27 个省区市公司及香港公司
关键绩效指标	①178 项 ②重点新增供应链、劳工、环境及反腐相关指标
国际标准	GRI G4，覆盖率 82.7%
第三方鉴证	①33 项指标 ②8 个部门（中心）及江苏、新疆、黑龙江公司
报告篇幅	①53000 余字，66 页 ②扩充内容、精简文字、增加图示，增强易读性
设计风格	现代感、亲和、活力
传播载体	①纸质全版+网络 PDF 版+手机阅读版 ②客户沟通专册

五、评级报告

《中国移动通信集团公司 2013 可持续发展报告》评级报告

中国社会科学院经济学部企业社会责任研究中心(以下简称"中心")受中国移动通信集团公司(以下简称"中国移动")委托,从"中国企业社会责任报告评级专家委员会"中抽选专家组成评级小组,对《中国移动通信集团公司 2013 可持续发展报告》(以下简称《报告》)进行评级。

一、评级依据

《中国企业社会责任报告编写指南(CASS-CSR 3.0)》暨《中国企业社会责任报告评级标准(2014)》。

二、评级过程

1. 过程性评估小组访谈中国移动社会责任负责部门;

2. 过程性评估小组现场审查覆盖中国移动和下属单位的可持续发展报告编写过程相关资料;

3. 评级小组对企业可持续发展报告的管理过程进行评价;

4. 评级小组对《报告》的披露内容进行评价。

三、评级结论

过程性(★★★★★)

集团发展战略部牵头成立编写组,高层领导参与启动、推进及审议;编写组对利益相关方进行识别与排序,并对利益相关方意见进行调查,根据调查结果及公司重大事项、国家相关政策、行业对标对实质议题进行界定;拟定专项报告发布会,并将以印刷品、电子版、多语种、《客户沟通专册》等多种形式呈现报告,具有卓越的过程性表现。

实质性(★★★★★)

《报告》系统披露了"确保通信质量"、"资费透明"、"产品服务创新"、"客户信息保护"、"缩小数字鸿沟"、"基站设施共建共享措施"、"电磁辐射管理"等通信服务业关键性议题，叙述详尽，具有卓越的实质性表现。

完整性（★★★★☆）

《报告》以"和"为主题，从"可持续发展战略与管理"、"和股东共创可持续价值"、"和客户共享安心服务"、"和员工共促和谐成长"、"和社区共筑美好家园"、"和环境共赢绿色明天"等方面披露了通信服务业核心指标的80%，完整性表现领先。

平衡性（★★★★）

《报告》披露了"年度安全生产责任事故数"、"反竞争行为法律诉讼数"、"污染排放违规行为数"、"安全隐患数"、"隐患整改率"等负面指标信息，平衡性表现优秀。

可比性（★★★★★）

《报告》披露了65个关键绩效指标连续3年的历史数据，并就"百万客户申诉率"等进行行业内对比，可比性表现卓越。

可读性（★★★★★）

《报告》结构清晰，篇幅适宜，语言流畅，图片、图表、流程图等表达方式多样，整体设计符合公司新品牌理念，标识度高；并通过《客户沟通专册》等有针对性的向特定相关方披露企业责任实践，具有卓越的可读性表现。

创新性（★★★★☆）

《报告》各板块开篇设置利益相关方的期望与企业的回应，概括企业社会责任工作成绩；"城乡共享信息化未来"专题突出了企业的社会责任特性；可持续发展绩效加入文字阐述，利于相关方了解，创新性表现领先。

综合评级（★★★★★）

经评级小组评价，《中国移动通信集团公司2013可持续发展报告》为五星级，是一份卓越的企业社会责任报告。

四、改进建议

增加企业负面数据信息和负面事件分析的披露，提高报告的平衡性。

评级小组

组长：中国社科院经济学部企业社会责任研究中心主任　钟宏武

成员：清华大学创新与社会责任研究中心主任　邓国胜

中国企业公民委员会副会长　刘卫华
过程性评估小组：清华大学创新与社会责任研究中心主任　邓国胜
中心评价部　翟利峰　方小静

评级专家委员会副主席　　　　　　　　评级小组组长
中心常务副理事长　　　　　　　　　　中心主任

附　录

一、参编机构

（一）中国社会科学院经济学部企业社会责任研究中心

中国社会科学院经济学部企业社会责任研究中心（以下简称"中心"）成立于 2008 年 2 月，是中国社会科学院主管的非营利性学术研究机构。中国社会科学院副院长、经济学部主任李扬研究员任中心理事长，国务院国有资产监督管理委员会研究局局长彭华岗博士、中国社会科学院工业经济研究所所长黄群慧研究员任中心常务副理事长，中国社会科学院社会发展战略研究院钟宏武副研究员任主任。中国社会科学院、国务院国有资产监督管理委员会、人力资源与社会保障部、中国企业联合会、人民大学、国内外大型企业的数十位专家、学者担任中心理事。

中心以"中国特色、世界一流社会责任智库"为目标，积极践行研究者、推进者和观察者的责任：

（1）研究者：中国企业社会责任问题的系统理论研究，研发颁布《中国企业社会责任报告编写指南（CASS-CSR 1.0/2.0）》，组织出版《中国企业社会责任》文库，促进中国特色的企业社会责任理论体系的形成和发展。

（2）推进者：为政府部门、社会团体和企业等各类组织提供咨询和建议；主办"中国企业社会责任研究基地"；主办"分享责任——中国企业社会责任公益讲堂"；开设中国社科院研究生院 MBA《企业社会责任》必修课，开展数百次社责任培训，传播社会责任理论知识与实践经验；组织、参加各种企业社会责任研讨交流活动，分享企业社会责任研究成果。

（3）观察者：出版《企业社会责任蓝皮书（2009/2010/2011/2012/2013）》，跟踪记录上一年度中国企业社会责任理论和实践的最新进展；每年发布《中国企业社会责任报告白皮书（2011/2012/2013）》，研究记录我国企业社会责任报告发展的阶段性特征；制定、发布、推动《中国企业社会责任报告评级》，为150余份社会责任报告提供评级服务；主办"责任云"（www.zerenyun.com）平台以及相关技术应用。

中国社会科学院经济学部企业社会责任研究中心
2014年10月

电话：010-59001552

传真：010-59009243

网站：www.cass-csr.org

E-mail：csr@cass-csr.org

地址：北京市朝阳区东三环中路39号建外soho写字楼A座1710（100022）

研究业绩

课题：

（1）国土资源部：《矿业企业社会责任报告制度研究》，2013年。

（2）国务院国资委：《中央企业社会责任优秀案例研究》，2013年。

（3）中国扶贫基金会：《中资海外企业社会责任研究》，2012~2013年。

（4）北京市国资委：《北京市属国有企业社会责任研究》，2012年5~12月。

（5）国资委研究局、中国社会科学院经济学部企业社会责任研究中心：《企业社会责任推进机制研究》，2010年1月~2010年12月。

（6）国家科技支撑计划课题：《社会责任国际标准风险控制及企业社会责任评价技术研究之子任务》，2010年1月~2010年12月。

（7）深交所、中国社会科学院经济学部企业社会责任研究中心：《上市公司社会责任信息披露》，2009年3月~2009年12月。

（8）中国工业经济联合会、中国社会科学院经济学部企业社会责任研究中心：工信部制定《推进企业社会责任建设指导意见》前期研究成果，2009年10

月~2009 年 12 月。

（9）中国社会科学院交办课题：《灾后重建与企业社会责任》，2008 年 8 月~2009 年 8 月。

（10）中国社会科学院课题：《海外中资企业社会责任研究》，2007 年 6 月~2008 年 6 月。

（11）国资委课题：《中央企业社会责任理论研究》，2007 年 4 月~2007 年 8 月。

专著：

（1）黄群慧、钟宏武、张蒽等：《中国盐业总公司考察》，经济管理出版社 2013 年版。

（2）彭华岗、钟宏武、张蒽、孙孝文等：《企业社会责任基础教材》，经济管理出版社 2013 年版。

（3）姜天波、钟宏武、张蒽、许英杰：《中国可持续消费研究报告》，经济管理出版社 2013 年版。

（4）陈佳贵、黄群慧、彭华岗、钟宏武：《企业社会责任蓝皮书（2012）》，社会科学文献出版社 2012 年版。

（5）钟宏武、魏紫川、张蒽、孙孝文等：《中国企业社会责任报告白皮书（2012）》，经济管理出版社 2012 年版。

（6）李春光、彭华岗、黄文生：《每一滴油都是承诺：中国石化企业社会责任的理论与实践》，经济管理出版社 2012 年版。

（7）孙青春：《寻找增长的涌泉：企业可持续创新之路探索》，经济管理出版社 2012 年版。

（8）陈佳贵、黄群慧、彭华岗、钟宏武：《企业社会责任蓝皮书（2011）》，社会科学文献出版社 2011 年版。

（9）彭华岗、钟宏武、张蒽、孙孝文：《中国企业社会责任报告编写指南（CASS-CSR2.0）》，经济管理出版社 2011 年版。

（10）钟宏武、张旺、张蒽：《中国上市公司非财务信息披露报告（2011）》，社会科学文献出版社 2011 年版。

（11）钟宏武、张蒽、翟利峰：《中国企业社会责任报告白皮书（2011）》，经济管理出版社 2011 年版。

（12）彭华岗、楚旭平、钟宏武、张蒽：《企业社会责任管理体系研究》，经济管理出版社 2011 年版。

(13) 彭华岗、钟宏武：《分享责任——中国社会科学院研究生院 MBA "企业社会责任"必修课讲义集（2010）》，经济管理出版社 2011 年版。

(14) 黄群慧、黄天文、钟宏武：《中国中钢集团国情调研报告》，经济管理出版社 2010 年版。

(15) 陈佳贵、黄群慧、彭华岗、钟宏武：《企业社会责任蓝皮书（2010）》，社会科学文献出版社 2010 年版。

(16) 钟宏武、张唐槟、田瑾、李玉华：《政府与企业社会责任》，经济管理出版社 2010 年版。

(17) 陈佳贵、黄群慧、彭华岗、钟宏武：《企业社会责任蓝皮书（2009）》，社会科学文献出版社 2009 年版。

(18) 钟宏武、孙孝文、张蒽：《中国企业社会责任报告编写指南（CASS-CSR1.0）》，经济管理出版社 2009 年版。

(19) 钟宏武、张蒽、张唐槟、孙孝文：《中国企业社会责任发展指数报告（2009）》，经济管理出版社 2009 年版。

(20) 陈佳贵、黄群慧、钟宏武、王延中：《工业化蓝皮书——中国地区工业化进程报告（1995~2005）》，社会科学文献出版社 2007 年版。

(21) 钟宏武：《慈善捐赠与企业绩效》，经济管理出版社 2007 年版。

论文：

在《经济研究》、《中国工业经济》、《人民日报》等刊物上发表论文数十篇。

（二）正德至远社会责任机构

正德至远（北京）咨询有限责任公司成立于 2010 年，在中国社会科学院经济学部企业社会责任研究中心咨询部和数据中心的基础上组建而成。公司系中国社科院企业社会责任研究中心的战略合作机构和成果转化平台。公司成立以来，先后为《中国企业社会责任蓝皮书（2010/2011/2012/2013）》、《中国企业社会责任报告白皮书（2011/2012/2013）》、《中国企业社会责任报告编写指南（CASS-CSR2.0/3.0）》等项目提供数据支持；双方共同为国内外数十家大型企业提供社会责任管理咨询、培训和报告服务。

公司依托中国社科院企业社会责任研究中心深厚的理论研究基础，结合我国企业实践经验，专注于企业社会责任管理咨询、能力培训和品牌推广，为客户提供全方位的社会责任解决方案，帮助客户成为面向未来的可持续企业。公司提供的服务主要包括：

社会责任管理咨询：帮助企业建立社会责任组织体系、制度体系、指标体系、社会责任战略规划和社会责任项目评估。

社会责任报告咨询：帮助企业建立社会责任报告编写流程、议题选择流程，并指导企业进行年度社会责任报告编制。

社会责任传播：帮助企业建立社会责任传播与沟通体系、利益相关方沟通手册，树立负责任的品牌形象。

社会责任培训：为企业提供社会责任理论和实践培训，提升管理层和员工的社会责任意识，并帮助企业掌握社会责任工作工具。

社会责任评估：依托中国社科院企业社会责任研究中心的数据库和知识库资源，为企业提供社会责任诊断和评估，并提供针对性解决方案。

地址：北京市朝阳区东三环中路39号建外soho写字楼A座1710（100022）

邮箱：sunxw@cass-csr.org

电话：010-59001552

二、支持单位

中国移动通信集团公司（以下简称"中国移动"）于2000年4月20日成立，注册资本3000亿元，资产规模超过万亿元，基站总数超过130万个，客户总数近8亿户，是全球网络规模、客户规模最大的移动通信运营商。

中国移动全资拥有中国移动（香港）集团有限公司，由其控股的中国移动有限公司（以下简称"上市公司"）在国内31个省（自治区、直辖市）和香港特别行政区设立全资子公司，并在香港和纽约上市。公司主要经营移动话音、数据、IP电话和多媒体业务，并具有计算机互联网国际联网单位经营权和国际出入口局经营权。近年来，中国移动通过全面推进战略转型，深入推动改革创新，加快转变方式、调整结构，经营发展整体态势良好，经营业绩保持稳定，并于2013年全新发布了商业主品牌"和"。中国移动多年来一直坚持"质量是通信企业的生命线"和"客户为根,服务为本"的理念,不断提升质量,改善服务,客户满意度保持行业领先,百万客户申诉率连续多年保持全行业最低。

作为国内电信运营企业中首家编制发布企业社会责任报告的企业,同时也是中央企业中最早关注并实施企业社会责任管理的企业之一,中国移动秉承"正德厚生 臻于至善"的核心价值观,真诚践行"以天下之至诚而尽己之性、尽人之性、尽物之性"的企业责任观,努力实现企业经营与企业社会责任的高度统一,追求企业与利益相关方在经济、社会与环境方面共同可持续发展。公司自2007年起成为联合国全球契约(UNGC)正式成员,认可并努力遵守《全球契约十项原则》。同时,公司作为全球报告倡议组织(GRI)相关方网络(OS)的首批中国会员,积极参与和支持全球可持续发展报告标准研究与制定,并作为中国内地唯一企业参与G4 Pioneer项目和GRI报告分享计划。公司密切关注和积极支持中国本土社会责任报告编制标准的研发和推广,深度参与并支持中国社会科学院企业社会责任研究中心《通信服务业企业社会责任报告编写指南3.0》的制定,为共同推进社会责任报告编写水平提升贡献积极力量。

三、参考文献

(一)国际社会责任标准与指南

[1]国际标准化组织(ISO):《社会责任指南:ISO26000》,2010年。

[2]全球报告倡议组织(Global Reporting Initiative,GRI):《可持续发展报告指南(G4)》,2013年。

[3]联合国全球契约组织:《全球契约十项原则》。

[4]国际审计与鉴证准则委员会:ISAE3000。

[5]Accountability:AA1000原则标准(AA1000APS)、AA1000审验标准(AA1000AS)和AA1000利益相关方参与标准(AA1000SES)。

[6]国际综合报告委员会(IIRC):整合报告框架(2013)。

[7] 国际石油工业环境保护协会（IPIECA）和美国石油学会（API）：《石油和天然气行业可持续发展报告指南》。

（二）国家法律法规及政策文件

[8]《中华人民共和国宪法》及各修正案。
[9]《中华人民共和国公司法》。
[10]《中华人民共和国劳动法》。
[11]《中华人民共和国劳动合同法》。
[12]《中华人民共和国就业促进法》。
[13]《中华人民共和国社会保险法》。
[14]《中华人民共和国工会法》。
[15]《中华人民共和国妇女权益保障法》。
[16]《中华人民共和国未成年人保护法》。
[17]《中华人民共和国残疾人保障法》。
[18]《中华人民共和国安全生产法》。
[19]《中华人民共和国职业病防治法》。
[20]《中华人民共和国劳动争议调解仲裁法》。
[21]《中华人民共和国环境保护法》。
[22]《中华人民共和国水污染防治法》。
[23]《中华人民共和国大气污染防治法》。
[24]《中华人民共和国固体废物污染环境防治法》。
[25]《中华人民共和国环境噪声污染防治法》。
[26]《中华人民共和国水土保持法》。
[27]《中华人民共和国环境影响评价法》。
[28]《中华人民共和国清洁生产促进法》。
[29]《中华人民共和国节约能源法》。
[30]《中华人民共和国可再生能源法》。
[31]《中华人民共和国循环经济促进法》。
[32]《中华人民共和国产品质量法》。
[33]《中华人民共和国消费者权益保护法》。

[34]《中华人民共和国反不正当竞争法》。

[35]《中华人民共和国科学技术进步法》。

[36]《中华人民共和国反垄断法》。

[37]《中华人民共和国专利法》。

[38]《中华人民共和国商标法》。

[39]《集体合同规定》。

[40]《禁止使用童工规定》。

[41]《未成年工特殊保护规定》。

[42]《女职工劳动保护特别规定》。

[43]《残疾人就业条例》。

[44]《关于企业实行不定时工作制和综合计算工时工作制的审批方法》。

[45]《全国年节及纪念日放假办法》。

[46]《国务院关于职工工作时间的规定》。

[47]《最低工资规定》。

[48]《生产安全事故报告和调查处理条例》。

[49]《工伤保险条例》。

[50]《再生资源回收管理办法》。

[51]《消耗臭氧层物质管理条例》。

[52]《废弃电器电子产品回收处理管理条例》。

[53]《电子废物污染环境防治管理办法》。

[54]《电子信息产品污染控制管理办法》。

[55]《关于禁止商业贿赂行为的暂行规定》。

[56]《中央企业履行社会责任的指导意见》。

[57]《中央企业"十二五"和谐发展战略实施纲要》。

[58]《上海证券交易所上市公司环境信息披露指引》。

[59]《深圳证券交易所上市公司社会责任指引》。

[60]《中共中央关于全面深化改革若干重大问题的决定》。

[61]《通信业"十二五"规划》。

[62]《中华人民共和国电信条例》。

(三) 社会责任研究文件

[63] 中国社会科学院经济学部企业社会责任研究中心：《中国企业社会责任报告编写指南 (CASS-CSR 2.0)》，2011年。

[64] 中国社会科学院经济学部企业社会责任研究中心：《中国企业社会责任报告评级标准2013》，2013年。

[65] 中国社会科学院经济学部企业社会责任研究中心：《中国企业社会责任研究报告 (2009/2010/2011/2012/2013)》，社会科学文献出版社。

[66] 中国社会科学院经济学部企业社会责任研究中心：《中国企业社会责任报告白皮书 (2011/2012/2013)》，经济管理出版社。

[67] 中国社会科学院经济学部企业社会责任研究中心：《企业社会责任基础教材》，经济管理出版社，2013年。

[68] 彭华岗等：《企业社会责任管理体系研究》，经济管理出版社，2011年。

[69] 国家电网公司《企业社会责任指标体系研究》课题组：《企业社会责任指标体系研究》，2009年3月。

[70] 殷格非、李伟阳：《如何编制企业社会责任报告》，2008年。

(四) 企业社会责任报告

[71]《中国移动2013年可持续发展报告》。

[72]《中国移动2012年可持续发展报告》。

[73]《中国移动2011年可持续发展报告》。

[74]《中国联通2013年社会责任报告》。

[75]《中国联通2012年社会责任报告》。

[76]《中国联通2011年社会责任报告》。

[77]《中国电信2013年社会责任报告》。

[78]《中国电信2012年社会责任报告》。

[79]《中国电信2011年社会责任报告》。

[80]《中华电信2012年度企业社会责任报告书》。

[81]《中华电信2011年度企业社会责任报告书》。

[82]《意大利电信2013年度可持续发展报告》。

[83]《意大利电信 2012 年度可持续发展报告》。

[84]《意大利电信 2011 年度可持续发展报告》。

[85]《沃达丰 2013 年度可持续发展报告》。

[86]《沃达丰 2012 年度可持续发展报告》。

[87]《西班牙电信 2013 年度可持续发展报告》。

[88]《西班牙电信 2012 年度可持续发展报告》。

[89]《西班牙电信 2011 年度可持续发展报告》。

[90]《韩国 SK 电信 2013 年度可持续发展报告》。

[91]《英国电信 2013 年度美好未来报告》。

[92]《英国电信 2012 年度美好未来报告》。

[93]《英国电信 2011 年度可持续发展报告》。

[94]《日本 KDDI 2014 年度可持续发展报告》。

[95]《日本 KDDI 电信 2013 年度报告》。

[96]《日本 KDDI 电信 2012 年度报告》。

[97]《台湾大哥大股份有限公司 2012 年度企业社会责任报告》。

[98]《台湾大哥大股份有限公司 2011 年度企业社会责任报告》。

后　记

2009年12月，中国社会科学院经济学部企业社会责任研究中心发布了中国第一份企业社会责任报告编写指南——《中国企业社会责任报告编写指南（CASS-CSR1.0）》（简称《指南1.0》）。为了增强《指南1.0》的国际性、行业性和工具性，2010年9月，中心正式启动了《指南1.0》的修订工作，扩充行业、优化指标、更新案例。2011年3月，《中国企业社会责任报告编写指南（CASS-CSR2.0）》（简称《指南2.0》）发布。《指南2.0》发布获得了企业广泛的应用，参考《指南2.0》编写社会责任报告的企业数量由2011年的60家上升到2013年的195家。

为了进一步提升《指南》的国际性、实用性，引导我国企业社会责任从"报告内容"向"报告管理"转变，2012年3月31日，《指南3.0》编制启动会在北京召开，来自政府、企业、NGO、科研单位等机构的约100名代表出席了本次启动大会。为广泛征求《指南3.0》使用者意见，中心向100家企业发放了调研问卷，并实地走访、调研30余家中外企业，并启动了分行业指南编制工作。

作为第一本分行业指南，《中国企业社会责任报告编写指南之电信服务业》的编制时间为2014年7~10月。其间，编写组多次赴中国移动集团公司下属企业实地调研，征求一线服务、管理人员的意见和建议。本书是集体智慧的结晶。全书由孙孝文、文雪莲、周亚楠、张伟等共同撰写。中国移动通信集团公司发展战略部企业策划处副经理文雪莲、中国移动广东公司发展战略部总经理李先笏、中国移动广东公司发展战略部副总经理朱怀奇、中国移动广东公司发展战略部企业管理室经理殷感谢、中国移动广东公司发展战略部项目经理孙中化、中国移动广东公司市场部项目经理黄瑛、中国移动广东公司人力资源部项目经理丘小平、中国移动广东公司采购管理中心主管何思泓、中国移动广东公司客户服务中心主管林帆、中国移动广东公司员工服务中心主管邱俊、中国移动广东公司规划技术部主管谢显潮、中国移动广东公司服务管理部主管陈华斌、中国移动广东公司工会主管刘佳、中国移动广东公司党群工作部主管朱洁琳等同志对本书提出了针对性的意见和建议；中国移动通信集团公司发展战略部企业策划处副经理文雪莲、中国移动通信集团公司发展战略部企业策划处项目经理张伟提供了第八章案例写作的工作；在资料整理过程中，孙孝文、周亚楠、马燕等同志做出了诸多贡献。全书由孙孝文审阅、修改和定稿。

《中国企业社会责任报告编写指南（CASS-CSR 3.0)》系列以及企业社会责任报告编写软件都将不断修订、完善，希望各行各业的专家学者、读者朋友不吝赐教，共同推动我国企业社会责任更好更快的发展。

中国社会科学院经济学部

企业社会责任研究中心

2014 年 10 月